D0891788

Portraits
de familles
pionnières

Du même auteur
chez le même éditeur

Généalogie : portraits de familles pionnières, tomes 1 et 2, 1993 et 1994.

Guides historico-touristiques

Le Paris des Québécois, 1989. Prix Percy Foy de la Société généalogique canadienne-française.

La France de l'Ouest des Québécois, 1990.

Les Montréal de France, 1991.

Histoire

Petit dictionnaire des citations québécoises, 1988.

Robert Prévost

Portraits
de familles
pionnières

TOME 3

Libre Expression

Données de catalogage avant publication (Canada)

Prévost, Robert, 1918-

Portraits de familles pionnières

Comprend des index.

1SBN 2-89111-635-6 (v. 3)

1. Québec (Province) - Généalogie. 2. Généalogie. 3. Pionniers.
I. Titre.

CS89.P73 1995   929'.3714   C93-096497-7

Sources iconographiques:

Les photos sont de l'auteur, sauf les suivantes: 41, 42: André Boily; 60, 61: Albert Cadotte; 66, 67: Michel Larivière; 86: Marc Hardy; 91, 92: CM Mâcon; 104, 105: Marc Hardy; 122, 123: Combier, Mâcon; 141: Marc Hardy; 146: Marie-Pierre Saunier; 147: Marc Hardy; 153: Marie-Pierre Saunier; 184, 185: Ass. des familles Leduc; 202: C. R. T. de Picardie; 209: Marc Hardy; 214, 215: Office de tourisme de l'Italie; 220: Jacques Létourneau; 238, 239: Aubert Pallascio; 244, 245: Robert Monette; 269: Hervé Bordas; 298, 299: Ass. des Séguin d'Amérique; 305: Pauline Gaudreau-Proulx; 316: Charles Tousignant; 317: Maison du tourisme de la Gironde.

Maquette de la couverture:
FRANCE LAFOND

Photocomposition et mise en pages:
COMPOSITION MONIKA, Québec

© Éditions Libre Expression,
2016, rue Saint-Hubert,
Montréal H2L 3Z5

Dépôt légal:
1er trimestre 1995

ISBN 2-89111-635-6

FA19, 193 X

Ils ont bien mérité de la Patrie

Ce troisième tome de nos *Portraits de familles pionnières* est un recueil des cinquante-deux chroniques signées par l'auteur dans *La Presse* du samedi, sous la rubrique *Nos Origines...*, depuis le 19 juin 1993 jusqu'au 11 juin 1994 inclusivement.

Les deux premiers tomes traitaient de familles portant cinquante et cinquante-trois patronymes, respectivement; on en trouvera la liste à la fin de ce tome-ci, qui retrace les origines de quarante-huit autres patronymes.

Afin d'être le plus utile possible aux chercheurs, chaque ouvrage comporte un index onomastique exhaustif de son contenu. On y relève les noms de 1 722 ancêtres dans le premier tome, et de 2 306 dans le deuxième. L'index du troisième est tout aussi riche.

Il s'agit là de précieuses références, car elles facilitent le recoupement des familles à l'origine de la Nouvelle-France. Certains se satisfont de leur filiation ascendante jusqu'à leur premier ancêtre arrivé dans la colonie, mais les passionnés de généalogie préfèrent retracer l'identité de toutes les personnes qui figurent dans leurs origines, ce qui constitue un défi de taille.

Par ailleurs, on trouve des personnes qui jugent négativement les recherches poursuivies sur de modes-

7

tes ancêtres qui seraient demeurés anonymes si l'on n'avait tenu des registres de l'état civil, car ils ne se sont pas acquittés d'actions d'éclat, ils ne présentent pas le sujet de brillantes thèses.

L'écrivain français Hervé Bazin, dans *Vipère au poing* (Bernard Grasset, 1948), disait sa joie de parcourir les vieux registres. «La grande histoire, disait-il, peut mépriser ces humbles, en elle anonymes comme en nous anonymes les millions de globules de notre sang. Mais ni elle, ni la petite histoire, ni même le roman, quelles que soient la précision et la couleur de son récit, ne peuvent donner ce caractère d'authenticité, ce parfum de fleur desséchée qui a pourtant fleuri.»

Comment pourrait-on, en effet, se désintéresser de cette phalange de défricheurs et d'artisans qui ont transplanté un rameau de la France en Amérique et qui ont ainsi donné naissance à un peuple devenu la plus importante concentration, en dehors de la mère patrie culturelle, de descendants de Français de vieille souche?

C'est à eux que ces *Portraits de familles pionnières* veulent rendre hommage, car ils ont bien mérité de la Patrie.

Les éditeurs.

Trois ancêtres Asselin évoqués par une même stèle

Un nombre croissant de stèles jalonnent nos routes à la mémoire de fondateurs de lignées. Chez les Asselin, on a voulu rendre hommage de cette façon à trois ancêtres, Jacques, David et René Asselin, au moyen d'inscriptions gravées sur les trois plans d'un monument triangulaire, à Sainte-Famille, île d'Orléans. Les deux premiers pionniers épelaient leur nom «Asseline», et l'autre, «Ancelin». Presque tous leurs descendants ont adopté «Asselin» pour patronyme. C'est celui que nous retiendrons pour les fins du présent chapitre.

Jacques et David, fils de Jacques et de Cécile Olivier, étaient originaires de Bracquemont, une commune située à l'est de Dieppe. Depuis cette dernière ville, la D 925 conduit vers Eu, mais si l'on veut serrer la côte, il est préférable d'emprunter la D 113 vers Saint-Martin-en-Campagne. À six kilomètres seulement de Dieppe, après Puys, où un monument rappelle le débarquement du Royal Canada Regiment lors de l'holocauste de 1942, la route franchit Bracquemont, où subsistent des vestiges du château où sont nés Guillaume de Bracquemont, chevalier et chambellan du

9

duc d'Orléans, et Robert de Bracquemont, amiral de France et d'Espagne.

L'aîné des frères Asselin, David, eut peu de progéniture. Il contracta deux unions en France : tout d'abord en 1655 au Pollet (bourg de l'actuelle commune de Neuville-lès-Dieppe) avec Catherine Baudard, qui lui donna un fils, Pierre, puis en 1670, à Dieppe, avec Marie Houdan. Il était veuf quand il franchit l'Atlantique la première fois, car lors du recensement de 1667, on le trouve dans l'île d'Orléans, où il met dix arpents en valeur. Le fils né du premier mariage, Pierre, épousa en 1679 Louise Baucher, fille de Guillaume et de Marie Paradis, à Sainte-Famille, île d'Orléans. Un autre fils, issu de la première union ne vécut que quelques jours.

De son mariage avec Louise Baucher, Pierre eut sept enfants. Les deux premiers décédèrent dans la fleur de l'âge. Les cinq autres fondèrent des foyers : Charles en 1711 avec Marguerite Drouin, fille de Nicolas et de Marie Loignon (deux fils décédés quelques semaines après leur naissance), et François en 1719 avec Marguerite Amaury, fille de Jean et de Marie Vigny, veuve de Jean-Baptiste Leblond, à qui elle avait donné quatre enfants (7 enfants dont 5 fils). Les trois filles, Anne, Louise et Marguerite unirent leur destinée à celles de Louis Allaire (1706), de Nicolas Riou (1710) et de Jean Létourneau (1711), respectivement.

David décéda à Sainte-Famille en 1687 et sa deuxième épouse, dans la même paroisse, en 1713.

Le benjamin des frères Asselin, Jacques, attendit d'être en Nouvelle-France pour fonder une famille. Le 29 juillet 1662, au Château-Richer, il conduisait à l'autel Louise Roussin, fille de Jean et de Madeleine

Giguère. Le couple devait porter douze enfants au baptême, les deux premiers au Château-Richer, mais tous les autres à Sainte-Famille, car c'est là qu'il devait s'établir. Lors du recensement de 1667, Jacques, voisin de son frère David, cultive 13 arpents et possède déjà six bêtes à cornes.

Cinq des six fils du couple Asselin/Roussin fondèrent des foyers. L'aîné, Jacques, contracta deux unions, la première en 1687, avec Marie Morisset, fille de Jean et de Jeanne Choret (11 enfants dont 5 fils), et la seconde en 1710 avec Barbe Trudel, fille de Pierre et de Françoise Lefrançois (sans progéniture). Le deuxième fils, Nicolas, conduisit à l'autel en 1694 Marguerite Gagnon, fille de Jean et de Marguerite Racine (4 enfants dont 3 fils), puis, en 1703, fonda une nouvelle famille avec Renée Turcot, fille d'Abel et de Marie Giraud (6 enfants dont 3 fils).

En 1694 également, Thomas choisissait pour compagne Geneviève Leclerc, fille de Jean et de Marie Couet (10 enfants dont 6 fils). L'année suivante, Pierre unissait sa destinée à celle d'Élisabeth Jahan, fille de Jacques et de Marthe Ferra (4 enfants dont 3 fils décédés en très bas âge). Enfin, l'avant-dernier des fils, Michel, épousa sa belle-sœur, Anne Gagnon, en 1700, mais l'union fut sans postérité; en 1730, il contractait une seconde union, avec Marthe Lemieux, fille de Guillaume et d'Élisabeth Langlois, qui était veuve du capitaine de milice Joseph Baucher, à qui elle avait donné 15 enfants, mais elle ne fut mère d'aucun avec Michel.

Six des enfants du couple Asselin/Roussin furent des filles. Deux décédèrent peu après leur naissance. Deux autres, Marie-Françoise et Madeleine, prirent le

L'église de Bracquemont, non loin de Dieppe. C'était la paroisse des frères Jacques et David Asselin, qui figurent au nombre des pionniers de Sainte-Famille, île d'Orléans.

voile à la Congrégation de Notre-Dame. Les autres se marièrent: Marie en 1694 avec Guillaume Baucher dit Morency (9 enfants) et Louise avec Jacques Pichet (9 enfants également).

Lors du recensement de 1681, David Asselin mettait 25 arpents en valeur à Sainte-Famille et possédait huit bêtes à cornes; il avait pour voisin son fils, Pierre. Jacques, pour sa part, cultivait 30 arpents et son cheptel comptait dix têtes. À Sainte-Famille également trimait un autre pionnier de même patronyme, René (Ancelin); il ensemençait cinq arpents, et deux têtes de bétail broutaient dans son pacage.

Originaire de l'Hermenault, non loin de Fontenay-le-Comte, René avait épousé tout d'abord Claire Rousselot à La Rochelle en 1647. Elle lui avait donné cinq enfants et était décédée là-bas. Seule une fille franchit l'Atlantique, Marie, qui, en 1667, au Château-Richer, se fit conduire à l'autel par Pierre Michaud, à qui elle donna dix enfants.

En janvier 1665, à La Rochelle, René se remaria avec Marie Juin, et le couple s'embarqua pour la Nouvelle-France, car sa première enfant, Madeleine, naquit dans l'île d'Orléans en novembre de la même année.

Dans l'île d'Orléans, à Sainte-Famille, ce monument triangulaire évoque la mémoire de trois ancêtres, dont celle de Jacques Asselin, qui fut le plus prolifique de ces pionniers.

13

Elle ne vécut que quelques mois. Un fils vit ensuite le jour, mais il décéda avant son deuxième anniversaire. Une deuxième fille, Marie, née en 1669, épousa Pierre Rondeau en 1683 et fut mère de quatre enfants. La suivante, Catherine, décéda en bas âge. Enfin, le dernier de la famille, Philippe, né dans l'île d'Orléans en 1676, épousa en 1701, à la Rivière-Ouelle, Marie-Madeleine Saint-Pierre, fille de Pierre et de Marie Gerbert. Le couple eut quatre fils, tous nés à la Rivière-Ouelle.

Le 26 mai 1990, l'Association des Asselin a dévoilé, en l'église Notre-Dame-de-Cougnes, à La Rochelle, une inscription en hommage à l'ancêtre René Asselin, à sa seconde épouse, Marie Juin, et à Marie, issue d'un premier mariage, qui franchit l'Atlantique et épousa Pierre Michaud.

Certains de nos Bastien sont en fait des Vanasse ou des Rocan

Plusieurs églises parisiennes ont un titre particulier à l'attention des Québécois. Celle de Saint-Nicolas-des-Champs, située au numéro 254 de la rue Saint-Martin, davantage peut-être que la plupart des autres, car elle abrite la chapelle mortuaire de l'influente famille Montmor, et très probablement le cœur du gouverneur de Frontenac. Nous y reviendrons plus loin.

Au point de vue généalogique, cette église intéresse les Bastien, car c'est là que fut baptisé le seul pionnier de ce nom venu en Nouvelle-France, Philippe, fils de Philippe et de Marie Lefebvre. Malheureusement, on n'a pas retrouvé son acte de baptême, car les registres paroissiaux ont été détruits lors de la Révolution française. C'était un bourgeois et un maître chapelier. Le généalogiste René Jetté cite comme suit le patronyme de ce fondateur de lignée: «Bastien ou Basquin». Cette dernière épellation signifiait: originaire du pays basque; la première était une variante dialectale et méridionale de Bastian, ce qui se recoupe bien.

Le 4 mai 1691, à Québec, Philippe Bastien épousait Marie Joly, fille de Jean et de Marguerite Amiot. Jean Joly était maître boulanger à Québec. Le couple

15

eut 12 enfants, dont six fils, tous nés et baptisés à Québec. On peut présumer que le père préféra pratiquer son métier ou un autre en milieu urbain plutôt que de se faire défricheur.

Une aussi riche progéniture semblait prometteuse pour l'implantation du patronyme en Nouvelle-France. Hélas pour celui-ci, les filles s'avérèrent les plus prolifiques, de sorte que si nous comptons autant de familles Bastien chez nous (à lui seul, le bottin téléphonique de Montréal comporte plus de 600 abonnés de ce nom), nous ne le devons pas qu'à ce couple de pionniers. Le ménage perdit deux fils et trois filles en bas âge, et malheureusement les généalogistes semblent avoir perdu la trace de deux autres fils, Jacques et Étienne, nés en 1702 et 1706, respectivement.

Deux fils au moins fondèrent des foyers; chose curieuse, chacun avait reçu le baptême sous le prénom de Pierre. Ceci se produisait souvent lorsqu'un premier fils était décédé lors de la naissance de l'autre, mais le premier Pierre avait onze ans lors de la naissance du second! L'aîné avait vu le jour le 9 mars 1692. Le 17 novembre 1710, à Charlesbourg, il épousait Marie-Jeanne Coton, fille de Barthélemy et de Jeanne Le Rouge. Celle-ci décéda après moins de cinq années de mariage, ayant donné à son mari trois enfants dont un fils décédé en bas âge. Le benjamin des deux Pierre, né le 4 décembre 1703, conduisit à l'autel, à Québec, le 23 octobre 1725, Marie-Louise Brideau, fille de Jean et de Marie Crête et veuve de Charles Raymoneau dit Tourangeau, à qui elle avait donné quatre fils. De cette nouvelle union devaient naître six enfants, dont un fils.

Trois des filles eurent plus de progéniture que leurs frères et contribuèrent ainsi à perpétuer des patronymes répandus au Québec, notamment celui de Leclerc. Marie, née en 1690, épousa en 1710 un Irlandais, Antoine Farly, puis Jean Favre en 1732: un fils et deux filles naquirent de ces unions, respectivement. Jeanne-Angélique, qui avait vu le jour en 1694, unit sa destinée, en 1712, à celle de Pierre Leclerc: huit enfants dont quatre fils. Sa sœur, Élisabeth-Gabrielle, née en 1695, se laissa conduire à l'autel, en 1715, par son beau-frère, Louis Leclerc: douze enfants dont sept fils. Mais alors, comment expliquer la profusion de nos Bastien? Il semble bien que bon nombre de ceux qui portent ce patronyme avec fierté sont en fait des Vanasse ou des Rocan qui s'ignorent. Ainsi, le pionnier François Vanasse, originaire de Rouen, qui épousa Jeanne Fourrier au Cap-de-la-Madeleine en 1671, eut, au nombre de ses onze enfants, un fils prénommé Sébastien-Jean, qui fut le père d'un François, dit Bastien. Celui-ci fonda un foyer, en 1760, avec Marie-Madeleine Hayot. Un fils né de cette union signa tout simplement François Bastien. Il épousa à Maskinongé, en 1796, Marie-Anne Dessert. La descendance fit sien le nouveau patronyme.

En 1709, à Montréal, un cordonnier originaire de l'île de Ré, Pierre Rocan dit Laville, épousait Marie-Louise Aigron dite Lamothe. Devenu veuf six ans plus tard, il contracte une seconde union, en 1717, avec Marie-Françoise Dufault, qui lui donna dix enfants. Le neuvième reçut au baptême, à la Pointe-aux-Trembles, où le père était bedeau, la prénom de Sébastien. Il s'établit à Saint-Vincent-de-Paul et devint ainsi l'un des pionniers de l'île Jésus. Il y épousa Marie-Anne Hogue. Or, dans les *Mémoires de la Société généalogique canadienne-française* (vol. XXVII, n° 1), Rosaire Bastien, s.j., écrivait que certains descendants de Sé-

La construction de l'actuelle église Saint-Nicolas-des-Champs, à Paris, a débuté en 1420, et sa façade présente trois pignons juxtaposés correspondant à la nef et à deux doubles bas-côtés. Ici a été baptisé l'ancêtre Philippe Bastien.

bastien conservèrent le patronyme Rocan, mais que d'autres firent leur celui de Bastien.

Il existe d'autres exemples de cette nature comme les Bastien de Wendake, ainsi que l'on désigne maintenant le village huron de Lorette. L'adoption de ce patronyme français chez les Hurons résulte, dit-on, d'une habitude qu'avait prise le missionnaire Sébastien Rasle de donner son prénom aux petits Hurons qu'il baptisait. Plusieurs de leurs descendants ont été chefs du village et l'un deux, Ludger Bastien (élu en 1924), fut le premier député d'origine huronne à siéger à Québec. Comment ne pas rappeler le souvenir d'Oscar Bastien, décédé en 1991 à l'âge de 97 ans, et qui fut la première voix de la radio française au monde lors de l'inauguration, à Montréal, de la station XWA, qui allait devenir CFCF?

Revenons brièvement à l'église Saint-Nicolas-des-Champs, de Paris. Au nombre des fondateurs de Montréal figurant sur l'une des plaques de l'obélisque des pionniers, à la pointe à Callière, se lit: Henri-Louis

La nef de l'église Saint-Nicolas-des-Champs est étroite. Elle se complète de deux bas-côtés qui sont doubles et compte plusieurs tableaux intéressants. C'est une église qui ne possède pas de transept.

Habert de Montmor. Membre d'une prestigieuse famille, il fut le premier à occuper le quarantième fauteuil de l'Académie française. Il avait épousé Henriette Marie de Buade, la sœur du gouverneur de Frontenac, et la famille Habert de Montmor avait sa chapelle funéraire en l'église Saint-Nicolas-des-Champs. Avant de décéder, à Québec, Frontenac dicta son testament et demanda que son cœur y fût déposé près des restes de sa sœur. On a dû respecter cette clause des dernières volontés du gouverneur.

Les Beaudry, famille pionnière de la Pointe-aux-Trembles

Les familles Beaudry peuvent être justement fières de leur patronyme. Il est d'origine germanique et découle de *Baldric*, dont les deux composantes représentent des particularités recherchées : *bald* signifie audacieux et *ric*, puissant. En France, c'est principalement l'épellation Baudry qui a été retenue et il en est résulté différents dérivés : Baudri, Baudrit, Baudrion, Baudriot, Baudrillart, etc.

Le premier ancêtre de ce nom qui fonda un foyer en Nouvelle-France, prénommé Urbain, signait *Baudri*. De nos jours, certaines familles ont adopté le patronyme de Baudry, mais la grande majorité ont plutôt choisi Beaudry. Nous nous rallierons à cette épellation pour les fins du présent chapitre.

Urbain Beaudry, fils de Jean et de Jeanne Bertin, était originaire de Luché-Pringé, qui est de nos jours une commune du département de la Sarthe, arrondissement de La Flèche, située sur les bords du Loir. Depuis Clermont-Créans, à 5,50 km de La Flèche, la D 13 y conduit, direction sud-est, en seulement 8 km. Son église a plus de hauteur que de longueur et ses murs s'appuient sur de solides arcs-boutants.

Urbain, qui prit le surnom de Lamarche, était taillandier, et c'est aux Trois-Rivières, en 1647, qu'il fonda un foyer avec Madeleine Boucher, fille de Gaspard et de Nicole Lemaire et sœur de Pierre Boucher, qui allait devenir gouverneur de la place. Les premiers Trifluviens sont constamment sur un pied d'alerte à cause de la menace iroquoise. Ainsi, en 1649, Urbain est chargé de préparer 400 pieux, sans doute pour consolider le fortin dans lequel les colons se réfugient en cas de danger. Au mois d'août 1652, le gouverneur, Du Plessis-Kerbodot, sort imprudemment du fort avec une poignée d'hommes pour donner la chasse à un parti d'Iroquois. Il y laisse sa vie ainsi que quatorze membres de son camp volant, et sept autres sont faits prisonniers.

Est-ce pour mettre sa famille à l'abri qu'Urbain vend sa terre à Pierre Boucher alors qu'un autre beau-frère, Toussaint Toupin, lui offre quelques arpents de terre sur sa concession de la côte de Beaupré? Le couple n'a encore qu'une fille, Marie, née en 1650; elle deviendra en 1670 l'épouse de Jacques Lefebvre, futur seigneur de la Baie-du-Febvre, à qui elle donnera dix enfants.

C'est au Château-Richer que naîtront les deux enfants suivants, Joseph (1653) et Guillaume (1656). Ce dernier, qui était dit Desbuttes, orfèvre, arquebusier et armurier, conduisit à l'autel, en 1682, Jeanne Soulard, fille de Jean et de Catherine Boutet, qui lui donna quinze enfants dont huit fils. Dès 1659, Urbain et Madeleine étaient de retour dans la région des Trois-Rivières. Lors du recensement de 1667, le couple met vingt-quatre arpents en valeur et possède sept têtes de bétail. Trois filles se sont ajoutées à la famille: Jeanne,

Madeleine et Marguerite. La première épousa (1672) Jacques Duguay (12 enfants), la deuxième (1681), Jean de Puybaro (2 enfants) et la troisième (1687), François Poisson (7 enfants). En secondes noces, Madeleine s'unit à Marien Tailhandier (6 enfants); le patronyme de son nouveau mari rappelait le métier de son père.

Cinq autres enfants naquirent au couple Beaudry/Boucher après le recensement de 1667. Tout d'abord, deux filles, Françoise et Marie-Madeleine. C'est Jacques Rondeau qui conduisit Françoise à l'autel en 1691 (7 enfants). La seconde s'allia à Jacques Hubert en 1698, mais elle décéda l'année suivante.

Puis, deux fils s'ajoutèrent à la famille. En 1706, le premier, Joseph, fondait un foyer avec Marie-Françoise Leclerc, fille de Florent et de Jeanne Aubuchon (14 enfants dont une demi-douzaine décédèrent en bas âge). L'autre, Jacques, qui était dit Lamarche, passa en France et se fixa à Paris. Il acheta les droits que détenait Antoine de Laumet de Lamothe Cadillac sur plusieurs propriétés situées au poste de Détroit, ce qui lui valut plusieurs années de soucis. En 1738, il devint en France le procureur des Frères hospitaliers de la Croix, communauté fondée à Montréal par François Charon.

Enfin, c'est une fille, Anne, qui fut la dernière enfant de la famille. En 1704, elle épousa Jean Bougret dit Dufort, mais fut sans postérité.

Un autre ancêtre des Beaudry, prénommé Toussaint, a franchi l'Atlantique au XVIIe siècle. Poitevin d'origine, il était de Velluire (actuel département de Vendée), commune située à 9 km au sud-ouest de Fontenay-le-Comte sur la D 115. Domestique à l'hôpital de Ville-Marie, il épousa, en 1670, Barbe Barbier, fille de

23

De puissants contreforts soutiennent l'église de Luché-Pringé, petite patrie de l'ancêtre Urbain Beaudry dit Lamarche.

À Los Angeles, l'avenue Beaudry rappelle la mémoire d'un personnage né au Bas-Canada, à Sainte-Anne-des-Plaines. Prudent Beaudry fut le deuxième maire de la ville, qu'il dota de son premier réseau d'aqueduc et d'égout.

Gilbert et de Catherine de Lavaux. Gilbert Barbier, l'un des tout premiers colons de Montréal, était maître charpentier, et Dollier de Casson écrira de lui que «cette île est presque toute bâtie de sa main ou de ceux qu'il a lui-même formés».

Le couple s'établit à la Pointe-aux-Trembles et éleva une dizaine d'enfants, et quatre de ses cinq fils fondèrent à leur tour des foyers: Toussaint, en 1697, avec Françoise Archambault, fille de Laurent et de Catherine Marchand (8 enfants); Louis, en 1700, avec Françoise Langlois, fille d'Honoré et de Marie Pontonnier (8 enfants également); Jean, dit Jacques, en 1714, avec Angélique Archambault, nièce de Françoise (9 enfants); et Jean-Baptiste, aussi en 1714, avec Madeleine Bougret, fille de Prudent et de Marie-Charlotte Étienne (9 enfants). Les 34 enfants des quatre fils Beaudry virent tous le jour à la Pointe-aux-Trembles.

Trois des cinq filles se marièrent: Barbe à Guillaume Cavelier, Marie à Pierre Desroches et Marguerite à Joseph Loisel. Jeanne prit le voile à l'Hôtel-Dieu de Québec et Catherine semble être décédée dans la vingtaine.

Un autre pionnier, Antoine Beaudry dit L'Épinette, originaire de Chemiré-en-Charnie, épousa la Parisienne Catherine Guyard à Montréal en 1665. Le couple eut trois fils qui ne semblent pas s'être mariés; l'un d'eux fut tué par les Iroquois en 1689.

Plusieurs personnages portant le patronyme Beaudry ont marqué l'histoire. Mentionnons pour terminer les trois frères Jean-Louis, Prudent et Victor Beaudry. Le premier fut élu maire de Montréal à dix reprises; le second, parti pour la Californie au plus fort de la course dc l'or, fut le deuxième maire de Los Angeles qu'il dota de son premier réseau d'aqueduc et d'égout; quant au troisième, ses entreprises dans les domaines du transport, du commerce et de l'exploitation minière le conduisirent à San Francisco, au Guatemala, au Missouri puis, comme Prudent, à Los Angeles.

Chez les Bélanger, une aïeule qui a vu naître 567 descendants!

Oui, vous avez bien lu, 567! C'est certainement, et de loin, un record dans cette «odyssée» que fut la revanche des berceaux. Et le décompte de cette descendance a été établi avec soin. Nous y reviendrons.

Au XVIIe siècle, ce patronyme s'épelait Bellanger. C'est d'ailleurs la forme que l'on a respectée pour désigner la maison Bellanger-Girardin, qui constitue l'un des joyaux du patrimoine de Beauport.

L'origine du patronyme a suscité diverses hypothèses. L'un des plus récents ouvrages en ce domaine, le *Dictionnaire étymologique des noms de famille*, de Marie-Thérèse Morlet (Paris, 1991), dit que «Bellanger» ou «Bellangier» constituent des formes dissimulées de «Béranger», d'origine germanique.

Deux pionniers portant le patronyme de Bellanger se sont fixés en Nouvelle-France au XVIIe siècle. Ils étaient peut-être parents. Chacun fut le père de douze enfants. Le premier à venir dans la colonie se prénommait François. On ne connaît ni l'identité de ses parents ni son lieu d'origine. Certains mentionnent Touques, non loin de Pont-L'Évêque, et d'autres, Sées, en Normandie. Dans le cas du second, Nicolas, qui avait pris ou à qui on avait donné le surnom de Catherine, nous sommes mieux fixés: il venait certainement de Touques, une commune du Calvados située sur la N 177, qui va de Pont-l'Évêque à Trouville, et à Deauville, la plage la plus fameuse de Normandie par sa brillante vie mondaine. On n'y est plus qu'à deux ou trois kilomètres de la mer.

C'est dès 1637 que François Bellanger fonde un foyer à Québec. Si, comme c'était généralement le cas, il avait signé un contrat d'engagement d'une durée de trois ans, au départ, on peut croire qu'il avait été recruté par Robert Giffard, à qui les Cent-Associés avaient concédé la seigneurie de Beauport en 1634. Lui-même maçon, François épousa la fille d'un autre maçon, Marie Guyon, dont le père, Jean, fut aussi l'un de nos industrieux pionniers. C'est le 12 juillet 1637 que le missionnaire jésuite Charles Lalemant bénit l'union, en même temps que celle de Robert Drouin et d'Anne Cloutier, qui devaient, dix jours plus tard, signer le premier contrat de mariage en Nouvelle-France, pardevant... Jean Guyon! On devine que cette double alliance fut un jour de réjouissances au manoir de Giffard, dont la construction était en cours.

Mais bientôt, un différend devait surgir entre le seigneur et certains de ses proches collaborateurs. C'est ainsi qu'en 1641, lorsque Jean Bourdon dresse sa carte de la côte entre Québec et le cap Tourmente, une bonne demi-douzaine d'habitants de la seigneurie de Beauport, dont François Bellanger, se retrouvent sur la côte de Beaupré.

Le couple Bellanger/Guyon eut douze enfants, dont cinq fils; quatre d'entre eux fondèrent des foyers:

Charles (1663) avec Barbe-Delphine Cloutier, fille de Zacharie et de Madeleine Émard (9 enfants), Jean-François (1671) avec Marie Cloutier, fille de Jean et de Marie Martin (5 enfants), Louis (1682) avec Marguerite Lefrançois, fille de Charles et de Marie-Madeleine Triot (13 enfants), et Jacques (1691) avec Élisabeth Thibault (4 enfants).

En 1663, François Bellanger devient capitaine de milice de la côte de Beaupré, et sans doute jouit-il d'une excellente réputation car, le 1er juillet 1677, le gouverneur Buade de Frontenac et l'intendant Duchesneau lui concèdent la seigneurie de Bonsecours, sur la rive sud du Saint-Laurent, là où se trouve de nos jours la municipalité de L'Islet. C'est dans sa maison que, en décembre 1683, le chanoine Thomas Morel dit la messe à l'issue de laquelle les censitaires des seigneuries de L'Islet, de Saint-Jean-Port-Joli et de Bonsecours demandèrent l'autorisation de construire une première chapelle.

Nicolas Bellanger dit Catherine ne fut pas seigneur comme son homonyme et probablement parent, mais il n'en contribua pas moins à l'essor de la colonie, au même titre que la plupart de nos pionniers.

Nicolas demeura fidèle à la famille Giffard et vécut toute son existence dans la seigneurie de Beauport. C'est probablement à l'instigation de son futur beau-père, Paul de Rainville, lui aussi originaire de Touques, qu'il passa en Nouvelle-France. C'est le 11 janvier 1660 qu'il épousa Marie de Rainville dans la chapelle du manoir. Il semble s'être adonné à la traite des fourrures et à la pêche. L'année précédente, c'est au moyen de morues qu'il avait remboursé une dette contractée auprès d'un marchand.

L'église Saint-Pierre de Touques, en Normandie, date du XIᵉ siècle et a subi de nombreuses modifications au fil du temps, mais la richesse de son décor sculpté résume plusieurs étapes majeures de l'art roman entre les années 1070 et 1130. Elle est depuis longtemps désaffectée, mais abrite maintenant des expositions et sert de salle de concerts.

Des douze enfants qu'eut le couple Bellanger/de Rainville, six étaient des fils et quatre fondèrent à leur tour des foyers: Bertrand (1694) avec Marie Gignard, fille de Pierre et de Catherine de Lahaye, puis (1703) avec Marie-Madeleine Chevaudier, fille de Jean et de Marie Mercier (3 et 12 enfants respectivement); Pierre (1700) avec Marguerite Delaunay, fille de Henri et de Françoise Crête, qui décéda après seulement trois années de mariage (2 filles); Nicolas (1699) avec Marie Magnan, fille de Jacques et d'Ambroise Doigt (13 enfants); et Paul (1704) avec Jeanne Maheu, fille de Pierre et de Jeanne Drouin et veuve de Joseph Garnier (6 enfants).

Saunier de métier, Nicolas Bellanger n'avait pas l'occasion de gagner sa vie en ce domaine, faute de marais salants. Il se tourna vers l'agriculture, acheta la terre que possédait son beau-père, obtint dix arpents

Voici comment se présente de nos jours la maison construite par le pionnier Nicolas Bellanger. Elle est classée et constitue l'un des joyaux du patrimoine de Beauport. On la désigne comme la maison Bellanger-Girardin, ce dernier patronyme évoquant l'un de ses anciens propriétaires.

additionnels de terre du seigneur de Beauport, puis, en 1673, une concession d'un arpent de largeur sur vingt-six de profondeur.

C'était, à n'en pas douter, un hardi défricheur. Lors du recensement de 1681, il possédait déjà quarante et un arpents en valeur et un troupeau de dix bêtes à cornes. La maison qu'il construisit existe toujours à Beauport; elle constitue un émouvant monument à la mémoire d'un pionnier aussi courageux qu'industrieux.

Chez les Bélanger, avons-nous signalé, on compte une aïeule qui s'est remarquablement signalée par sa descendance. Il s'agit de Mme Georges Rioux, née Bélanger (Lucie), des Trois-Pistoles. Lorsqu'elle est décédée, à l'âge de 95 ans, le 8 juillet 1915, elle comptait 567 descendants vivants, et elle berçait depuis déjà dix ans la cinquième génération! Ce cas a été aimablement porté à notre attention par l'un de ses arrière-arrière-petits-fils, l'évêque de Valleyfield, Mgr Robert Lebel. C'est un généalogiste appartenant à la famille, le frère André, s.c., qui a établi de façon détaillée cette extraordinaire descendance.

Bérubé, un patronyme exclusif à la région de Rouen

Il est rare qu'un patronyme ne soit relevé que dans une seule région de France. C'est le cas de *Bérubé*, qui n'existe qu'en Normandie, et plus particulièrement dans la région de Rouen. Dans son *Dictionnaire étymologique des noms de famille*, Marie-Thérèse Morlet en propose l'origine. Les fervents de mots croisés savent qu'un *ru* est un petit ruisseau et que *bel* signifie beau. Dans le langage populaire, un *bel ru* est devenu peu à peu un *béru*, et c'est la répétition de la première syllabe, à la fin, qui a donné le patronyme que l'on connaît de nos jours.

On ne s'étonnera donc pas que l'ancêtre Damien Bérubé soit originaire de l'évêché de Rouen, plus précisément de Rocquefort. C'est aujourd'hui une petite commune de l'arrondissement du Havre. La N 15 conduit, au nord-ouest de Rouen, à Yvetot (20 km). Rocquefort n'est plus qu'à 5 km par la D 131.

Le 29 octobre 1672, l'intendant Jean Talon concédait à Jean-Baptiste-François Deschamps, sieur de la Bouteillerie, une seigneurie de deux lieues de front sur une lieue et demie de profondeur, à prendre «une lieue au-dessus et une lieue au-dessous de la rivière Houëlle», à la charge, notamment, d'y «tenir ou faire tenir feu et lieu».

Le nouveau seigneur était originaire de Cliponville, un bourg situé à seulement 3 km au nord-ouest de Rocquefort. Il était tout naturel pour lui de se tourner vers sa région natale pour le recrutement de censitaires. Il n'est pas étonnant que Damien Bérubé se soit laissé facilement convaincre de franchir l'Atlantique: il était le filleul du père du seigneur, Jean Deschamps.

Le premier mariage figurant dans les registres paroissiaux de L'Islet est celui de Damien Bérubé et de Jeanne Savonnet et porte la date du 22 août 1679. Il a été célébré par l'abbé Thomas Morel, l'un des cinq premiers prêtres du séminaire de Québec, qui desservait alors les missions de la côte sud.

Faisons connaissance de l'épouse. D'origine parisienne, Jeanne était une fille du roi. Arrivée en 1670, elle avait épousé, cette année-là, Jean Soucy dit Lavigne, à qui elle avait donné quatre enfants. C'était donc son deuxième mariage.

En 1676, Damien Bérubé avait reçu une concession et sans doute s'était-il employé à la mettre en valeur, tout en continuant probablement d'exercer son métier, celui de maçon. Au fil des ans, le seigneur devait faire construire une demi-douzaine de moulins à farine, et l'on peut présumer que Damien y joua allègrement de la truelle.

Le couple Bérubé/Savonnet devait avoir six enfants. Hélas, le père décéda dès 1688. C'est d'abord une fille qui naquit, en 1680, prénommée Jeanne-Marguerite. En 1681, les recenseurs notent pourtant la présence de cinq enfants sous ce toit familial. C'est que Damien avait adopté les quatre enfants que Jeanne Savonnet avait eus de son premier mari! Le colon cultivait dix arpents et possédait six bêtes à cornes.

En 1697, Jeanne-Marguerite épousait René Plourde; elle devait lui donner six enfants. En 1682 naissait un fils, Pierre. En 1706, il conduisait à l'autel Geneviève Dancosse, fille de Pierre et de Marie-Madeleine Bouchard; dix enfants dont quatre fils virent le jour de cette union. Vers 1683, Damien devenait le père d'un deuxième fils, Ignace, qui, en 1707, unissait sa destinée à celle d'Angélique-Marguerite Ouellet, fille de René et de Thérèse Mignault; malheureusement, Ignace décéda moins de deux ans plus tard, ne laissant pas d'enfant.

En 1684, le seigneur fait don d'un terrain pour la construction d'une première chapelle et, en octobre de la même année, naît une deuxième fille au couple Bérubé/Savonnet; Marie-Josèphe ne sera baptisée que deux mois plus tard, car il n'y a pas encore de prêtre résidant en permanence; la fillette décéda malheureusement en bas âge. Une autre, Thérèse, née en 1686, mourut vers l'âge de deux ans. La naissance de Mathurin, en 1688, mit un terme à la progéniture du couple Bérubé/Savonnet. Le père n'eut pas le plaisir de le tenir dans ses bras: il était décédé cinq mois plus tôt.

En 1713, Mathurin joignait sa destinée à celle de Marie-Angélique Miville, fille de Jean et de Marie-Madeleine Dubé. Le couple eut neuf enfants dont huit fils, les deux derniers étant des jumeaux; l'un de ceux-ci ne devait survivre que quelques jours.

L'église de Rocquefort, en pays de Caux, à 5 km d'Yvetot. Le patronyme Bérubé ne se retrouve qu'en Normandie. Rocquefort était le lieu d'origine de l'ancêtre Damien Bérubé.

Bien que seulement deux fils de Damien aient eu des enfants, il ne faut pas s'étonner que le patronyme soit aussi répandu. Il y a en effet plus d'un millier d'abonnés de ce nom dans l'annuaire téléphonique de Montréal!

Faisons le compte de la progéniture de ces deux fils en nous basant sur le *Dictionnaire généalogique des familles canadiennes* de Tanguay. Quatre fils de Pierre ont fondé des foyers: François avec Marie-Madeleine Lévesque en 1732 (6 fils et 9 filles); Pierre avec une autre Marie-Madeleine Lévesque en 1733 (7 fils et 4 filles); André avec Marie-Josèphe Vézina en 1737 (13 fils et 6 filles) et Jean avec Geneviève Miville

36

Vêtu d'un capot bleu, coiffé d'un tapabord, fusil sur l'épaule, le curé Pierre de Francheville marcha à la rencontre des Bostonnais, à la tête de ses paroissiens. Dessin tiré de Une Paroisse canadienne au XVIIᵉ siècle — La Rivière-Ouelle, *de l'abbé H.-R. Casgrain, Montréal, 1890.*

en 1746 (4 fils et 5 filles). Pierre a donc donné pas moins de 30 petits-fils à Damien!

Voyons maintenant l'apport de six fils de son frère Mathurin, qui ont fondé des familles comme suit: Joseph avec Marie-Angélique Thibault en 1746 (2 fils et 3 filles); Louis avec Marie-Ursule Émond en 1745 (3 fils et 2 filles); Isidore avec Madeleine Lizot (2 filles); Pierre avec Marie-Charlotte Lévesque en 1749 (3 fils et 3 filles); Jean avec Marie Choret en 1749 (2 fils et 3 filles) et Mathurin en 1755 avec Marie-Madeleine Dionne (une fille). Total pour Mathurin: dix fils et quatorze filles.

On devine facilement combien les quarante petits-fils de l'ancêtre Damien ont contribué à répandre son patronyme!

En 1690, l'amiral Phips remontait le fleuve. Le curé de la Rivière-Ouelle, l'abbé Pierre Francheville, galvanisa aussitôt ses paroissiens, les invitant à repousser les Bostonnais s'ils tentaient de débarquer. Vêtu d'un capot bleu, coiffé d'un tapabord, fusil sur l'épaule, il prit leur tête et fit dresser une embuscade. Six chaloupes se présentèrent, montées de 150 soldats. Une raffale tua tous ceux de la première chaloupe sauf deux, rapporte mère Juchereau de Saint-Ignace dans *Les Annales de l'Hôtel-Dieu*. Les autres chaloupes rallièrent vite leur bord.

Il devait bien y avoir quelques Bérubé parmi les défenseurs!

Les Boily, pionniers du beau pays de Charlevoix

Les dictionnaires généalogiques donnent peu de renseignements sur la famille Boily, sans doute parce que son ancêtre n'est arrivé que tardivement sur nos bords, soit vers 1725.

Guillaume Boily, fils d'Antoine et d'Antoinette Bertrand, fut baptisé en 1682 à Saint-Jouin-de-Marnes. Son parrain fut nul autre que Me Guillaume Savoyen, receveur général de l'abbaye locale. Cette commune est située au cœur de l'ancien Poitou, au carrefour des D 46 et 37. À 5,50 km au sud de Loudun, la N 147 atteint l'amorce de la D 52, que l'on emprunte sur la droite. Cette route, après 6 km, franchit Martaizé, l'une des petites communes du Loudunais d'où nous sont venus plusieurs des pionniers de l'Acadie; elle atteint ensuite Moncontour (7,50 km) pour devenir la D 46, à toute proximité de Saint-Jouin. On peut y admirer une église abbatiale datant du XIIe siècle, un remarquable monument de l'art roman. Tout près subsistent les restes de la prestigieuse abbaye démolie lors de la Révolution et dont le parrain de Guillaume Boily était le receveur général. C'est sur le territoire de l'actuelle commune que fut livrée contre les protestants, en 1569, l'atroce bataille dite «de Moncontour».

Un descendant de Guillaume, M. Raymond Boily, a signé en 1976 un ouvrage à la fois vivant et documenté intitulé : *La Famille Boily au XVIIIe : de Saint-Jouin-de-Marnes à la Baie Saint-Paul*, qui nous renseigne abondamment sur ses ancêtres. Guillaume Boily, tout comme son père, était maître forgeron et c'est probablement parce qu'il exerçait ce métier que le Séminaire de Québec retint ses services. Mgr de Laval avait acquis la seigneurie de Beaupré, qui s'étendait depuis celle de Beauport jusqu'à la rivière du Gouffre, puis l'avait cédée au Séminaire en 1680. Avant la fin du siècle, Pierre Tremblay et Noël Simard ont fondé le petit établissement de la baie Saint-Paul. Le Séminaire souhaite mettre mieux en valeur la terre qu'il y exploite et qu'il a dotée d'un moulin à scie, et c'est sans doute pour cela qu'il a retenu les services du forgeron Guillaume Boily.

Le 20 octobre 1726, Guillaume est arrivé à la baie Saint-Paul : il y épouse Louise Gagné, fille d'Ignace et de Barbe Dodier et veuve de Robert Dufour, qui s'était noyé au printemps de 1720. Guillaume prend sous son toit les sept enfants de Louise et, en 1728, un fils, Jean, naît au couple.

La même année, le Séminaire vend à Guillaume une forge avec enclume, tenailles et autres outils, pourvu qu'elle demeurera à la baie. L'année suivante, le Séminaire lui cède un emplacement pour s'y bâtir maison, mais à la condition expresse qu'il y exercera son métier «pour l'utilité de la maison seigneuriale». Enfin, en 1736, Guillaume se voit concéder une terre d'un arpent de front sur cinquante de profondeur. Hélas, il

Saint-Jouin-de-Marnes a sa «place Guillaume Boisly» pour rendre hommage à l'ancêtre de tous les Boily d'Amérique.

perdra son épouse en 1747. Lui-même décédera en 1764.

Le couple Boily/Gagné n'avait eu qu'un fils, Jean, mais celui-ci allait être remarquablement prolifique, grâce à deux mariages qui lui donnèrent vingt et un enfants!

Le 22 janvier 1748, Jean épouse Ursule Duchesne, fille de Jacques et d'Élisabeth Petit. Le couple s'installe chez le vieux Guillaume et cinq enfants naîtront avant la fatidique année 1759. Tout d'abord, Guillaume, en 1751; à l'âge de 22 ans, il épousera Marie-Anne Simard dite Lombrette, fille d'Ange et d'Anne Dodier. Puis, Marie-Ursule-Julie naît en 1752. Le troisième enfant, Jean-Baptiste (1755), choisira pour compagne de vie, en 1777, Marie-Louise Villeneuve, fille de Germain et de Marie-Josèphe Parant; il décédera en 1793, laissant cinq enfants. La suivante, Marie-

Josèphe, née en 1756, n'atteindra que l'âge de trois ans: elle mourra dans les bois pendant que les Anglais occupent la région. Enfin, Marie-Félicité, qui vit le jour en 1758, ne vécut que deux ans, sans doute par suite des mêmes circonstances.

Car, lorsque la flotte anglaise remonte le Saint-Laurent pour assiéger Québec, les colons conduisent femmes, enfants et bestiaux dans la forêt et dressent en hâte des ouvrages de défense. Les Anglais débarquent à l'île aux Coudres, pillent et brûlent les maisons de la baie. Les hommes reçoivent l'ordre de se replier sur Saint-Joachim.

C'est dans les bois que naîtra Marie-Pélagie, en 1759. Après la capitulation de la Nouvelle-France, Jean devient capitaine de milice; il le demeurera pendant 25 ans. Cinq autres enfants verront le jour après la Conquête: Joseph (1761), Marie-Catherine-Justine-Louise

L'abside de l'église abbatiale de Saint-Jouin-de-Marnes témoigne de l'importance du bâtiment, qui date du XIIe siècle.

(1763), Emérance (1765), Rosalie (1766) et André-Clément-Saturnin (1767). En 1782, Joseph devait conduire à l'autel Marguerite Simard, la sœur de Marie-Anne, épouse de Guillaume.

En 1777, Jean Boily perd son épouse, qui lui a donné onze enfants. Les survivants de ceux-ci se fixeront pour longtemps à la baie Saint-Paul; c'est seulement à la fin du XIXe siècle que leurs descendants essaimeront ailleurs au Québec.

Le 4 septembre 1779, Jean contracte une deuxième union, avec Amable Côté, fille de Thomas, et sera le père de dix autres enfants, dont sept fils. Deux de ceux-ci, des jumeaux, décédèrent quelques jours après leur naissance. Les cinq autres fondèrent des foyers: Louis avec Marguerite Bouchard en 1782, Alexis avec Marie Gagnon l'année suivante, Joseph avec Angèle Harvey en 1787, Jacques avec Marie Savard en 1793 et Guillaume avec Anne McNicholl en 1797. Contrairement aux enfants du premier lit, ceux du deuxième ne tardèrent pas à quitter le pays de Charlevoix.

En 1788, Jean Boily a atteint la soixantaine et cinq enfants de moins de sept ans vivent toujours sous le toit paternel. Il éprouve des difficultés financières, car il a contracté d'importantes obligations auprès des aînés. Après avoir partagé les biens de sa première épouse, il quitte la baie Saint-Paul en 1789 pour s'installer sur une terre en friche de la Malbaie, tout en gardant sa forge. Mais les services rendus s'oublient vite. Bientôt, on ne le considère plus comme un paroissien de la baie et le curé décide de vendre son banc dans l'église. C'est en 1810 que se terminera son existence si bien remplie, chez son fils, Louis, établi aux Éboulements.

Chez les Brosseau, des pionniers venus de Nantes et du Poitou

Le plus remarquable des monuments de Nantes est son château ducal. Cette belle ville d'art, ancienne capitale de la Bretagne, est de nos jours la préfecture du département de Loire-Atlantique. Superbe forteresse de la fin du XVe siècle, le château abrite maintenant des musées, et c'est dans ses caves qu'avaient été aménagées les cellules dont parle une chanson de notre folklore :

> *Dans les prisons de Nantes,*
> *Lui y a-t-un prisonnier.*

C'est non loin de là que se trouve l'église Sainte-Croix, où fut baptisé l'ancêtre Julien Brosseau dit Laverdure, fils de Damien et de Marguerite Omelet. Elle est au centre du quartier médiéval, qui compte de nombreuses maisons datant des XVe et XVIe siècles. Elle a ceci de particulier que son clocher se termine par un campanile en forme de rotonde d'où émergent une demi-douzaine d'anges. Depuis le château, le cours John-Kennedy conduit, vers l'est, à la place du Bouffay, en arrière de laquelle donne la rue de la Juiverie, qui se termine sur l'église.

Le 28 octobre 1668, à Québec, Julien Brosseau épousait Simone Chalifour, fille de Paul, charpentier de grosses œuvres, et de Jacquette Archambault. Témoin, le notaire Vachon, qui devait rédiger le contrat de mariage le lendemain. C'est l'abbé Charles de Lauzon-Charny qui donna la bénédiction nuptiale. Ce prêtre, fils du gouverneur Jean de Lauzon, avait tout d'abord épousé Louise, fille du seigneur Robert Giffard. Devenu veuf, il avait embrassé le sacerdoce.

Julien était tailleur d'habits, ce qu'il déclara aux recenseurs qui passèrent par les Trois-Rivières en 1666; ceux-ci lui prêtèrent alors le prénom de Jean.

Le couple Brosseau/Chalifour eut sept enfants, dont quatre fils. Trois de ceux-ci fondèrent des foyers. Joseph épousa à Charlesbourg, en 1694, Marie-Anne Gaudreau, fille de Charles et de Françoise Cousin, qui lui donna trois filles; il décéda prématurément en 1703. En 1698, Nicolas conduisait à l'autel Madeleine Huppé, fille aînée d'Antoine et de Marie-Ursule Durand, couple prolifique: douze enfants, dont cinq fils. Quant à Pierre, qui semble avoir signé «Brousseau», il contracta deux unions. En 1704, à Québec, il unissait sa destinée à celle de Marie-Thérèse Bernard, fille de Jean et de Marie de Bure, qui lui donna onze enfants, dont huit fils; en 1734, Pierre épousait Marie-Françoise Laroche, fille de François et de Marie-Françoise Matte et veuve de Michel Houde (une fille).

Les trois filles nées du couple Brosseau/Chalifour eurent une nombreuse progéniture. En 1689, Marguerite épousait Eustache Bourbeau (9 enfants). En 1699, Jeanne se laissait conduire à l'autel par Philippe Paquet.

Enfin, en 1704, Simone unissait sa destinée à celle de l'aubergiste François Janis.

Notons que les patronymes Brosseau et Brousseau, selon les dictionnaires étymologiques des noms de famille, seraient issus du mot *brosse* qui, de façon elliptique, pouvait jadis représenter le marchand ou le fabricant de brosses. Il en est résulté plusieurs variations, comme Brossard, Labrosse, Brosson, Broussin, Broussillon, etc.

Penchons-nous maintenant sur un autre ancêtre Brosseau, prénommé Denis, fils de Jean et de Perrine Godin. Il était presque de Nantes, car sa paroisse natale, Saint-Sébastien-sur-Loire, est de nos jours dans le quatrième canton de cette ville, bien que la commune soit située sur la rive gauche de la Loire, sur la D 119, un peu en amont des ponts qui enjambent le fleuve.

Fils de meunier, c'est aux Trois-Rivières que Denis se fixa. Il songea tout d'abord à fonder un foyer avec une fille du roi, Jeanne Aubert, une orpheline de mère née dans la paroisse Saint-Étienne-du-Mont, à Paris. Il passa même avec elle un contrat de mariage qui fut annulé avant la cérémonie nuptiale. Il se tourna vers une autre fille du roi, Marie-Madeleine Hébert, fille de Guillaume et de Marguerite Meunier, originaire de Mantes-sur-Seine (maintenant Mantes-la-Jolie), en Île-de-France. Meunier comme son père, il unissait ainsi sa destinée à celle d'une compagne qui avait du sang de... Meunier dans les veines.

Le couple Brosseau/Hébert eut onze enfants, dont trois fils. L'aîné, Pierre, épousa à Laprairie, le 9 juin 1698, Barbe Bourbon, fille de Jean et d'Anne Benoît, et dix-neuf enfants naquirent de cette union, tous à

Façade de l'église Sainte-Croix, à Nantes. Au sommet du clocher, une demi-douzaine d'anges sonnant des trompettes émergent d'un campanile en forme de rotonde.

La rue de la Juiverie, dans le quartier médiéval de Nantes; au fond, le clocher de l'église Sainte-Croix et ses anges sonnant des trompettes.

Laprairie. Barbe était orpheline: son père avait été victime d'un combat contre les Iroquois en 1690 et sa mère, remariée à Jean Besset, avait aussi péri sous la hache des Iroquois en 1697. Onze des enfants de Pierre et de Barbe furent des fils.

Les deux autres fils du couple Brosseau-Hébert furent prénommés Denis. Le premier décéda à l'âge de sept ans. Les dictionnaires généalogiques ne nous disent pas ce qu'il advint du second. Au moins quatre des filles fondèrent des foyers. Marie, en 1695, épousa Michel Marie (10 enfants nés à Laprairie). Catherine devint en 1711 la compagne de vie de Pierre Arlin (3 filles nées également à Laprairie). Jean Trullier conduisit Marie-Anne à l'autel en 1706 (10 enfants baptisés aux Trois-Rivières). Marie-Louise joignit sa destinée à celle de Pierre Lefebvre en 1711 (7 enfants nés à Laprairie).

Terminons cette évocation des pionniers Brosseau et Brousseau par un Poitevin, Jean Brousseau, fils de Jean et de Marie Belion et originaire du Langon, une commune située non loin de Fontenay-le-Comte. En 1683, il épousa à Québec Anne Greslon, fille de Jacques et de Jeanne Vignault. Il fut père de cinq enfants. En 1718, l'aîné des fils, Jean, épousa Marie-Félicité Proulx, fille de Jean et de Catherine Pinel, qui lui donna treize enfants. La même année, le second fils, Pierre-Michel, fondait un foyer avec Marie-Charlotte Duclas, fille de François et de Jeanne Bruneau (7 enfants) et, en 1733, contractait une autre union, avec Marie-Anne Lafontaine (une fille et un fils). Deux des trois filles du couple Brousseau/Greslon élevèrent des familles: Marie-Jeanne avec Charles Defoy et Marie-Angélique avec Pierre Millier.

Soulignons, pour l'anecdote, que chez les Brosseau, une religieuse née à Laprairie, Marie Brosseau (sœur Marie-Clothilde) décéda le 29 janvier 1953, chez les Sœurs des Saints-Noms-de-Jésus-et-de-Marie, à l'âge de 104 ans, après 86 ans de vie religieuse.

Plusieurs souches de Brunet ont essaimé en Nouvelle-France

Il n'est pas étonnant que les familles Brunet soient si nombreuses. Seulement au cours du XVIIe siècle, sept pionniers de ce nom fondèrent des foyers en Nouvelle-France et y élevèrent des enfants.

Le premier d'entre eux, Antoine Brunet dit Belhumeur, était originaire de la paroisse Saint-Nicolas de La Rochelle. Il n'y existe plus que la façade de l'église où il a reçu le baptême. On l'a heureusement conservée, de même que sa tour carrée, mais derrière elle on a construit un hôtel moderne de la chaîne Ibis, et c'est par l'ancien portail du temple qu'on y pénètre.

Antoine était le fils de parents qui portaient le même patronyme, Mathurin et Marie Brunet. C'est à Montréal qu'il fonda un foyer, en novembre 1663, avec une concitoyenne de La Rochelle, Françoise Moisan, fille d'Abel et de Marie Simiot. Le couple eut huit enfants dont deux fils. L'un de ceux-ci décéda quelques jours après sa naissance. L'aîné, François, épousa une jeune fille de Boucherville, Anne Ménard, fille de Jacques et de Catherine Forestier, en 1688. Le couple eut douze enfants, et deux des trois fils

51

se marièrent: Joseph à Ursule Éthier, en 1712, et Jean-François à Anne Thibault, en 1728. Lors de la naissance de ses cinq derniers enfants, le couple vivait à Saint-François, dans l'île Jésus.

Puis, c'est un Dieppois, Pierre Brunet, fils de Vincent et de Cécile Guédot, qui fonda une famille, à Québec, en 1666, avec Marie-Catherine Cotin dite d'Arras, fille de François et de Jeanne LeCain, originaire d'Arras, en Artois, d'où le surnom de son père. Huit enfants dont six fils naquirent de cette union, et au moins deux de ceux-ci se marièrent à leur tour: Thomas, en 1701, avec Catherine Cécire (8 enfants) et Jean, en 1715, avec Angélique Hédouin, veuve de Charles Rancin (un fils décédé en bas âge).

C'est du Perche que nous est venu le troisième Brunet qui ait doté la Nouvelle-France d'un nouveau foyer. Mathieu Brunet dit L'Étang signe un contrat d'engagement à La Rochelle, au début de l'année 1657. Pourtant, on ne retrouve sa trace, au cours des dix années suivantes, ni dans les recensements ni dans les registres de l'état civil. Est-il retourné en France à la fin de son engagement? S'est-il enfoncé dans la sauvagerie pour s'y livrer à la traite des fourrures?

Quoi qu'il en fût, il est à Québec en 1667, car l'abbé Henri de Bernières, supérieur du séminaire, bénit son union le 10 novembre avec une Rouennaise, Marie Blanchard, fille de Jean et de Martine Lebas. C'est à Champlain que le couple s'établit car, le 8 février 1668, Nicolas Marsolet de Saint-Aignan lui accordait une concession de six arpents de front sur le Saint-Laurent dans l'arrière-fief dit «des prairies Marsolet».

Dix enfants naquirent au couple Brunet/Blanchard, et au moins trois des fils fondèrent à leur tour des familles. Dans son *Dictionnaire généalogique des familles du Québec*, René Jetté cite leur progéniture. Michel épousa à Montréal, en 1692, Marie Moison, fille de Nicolas et de Jeanne Vallée, puis, en 1713, également à Montréal, Anne-Élisabeth Émereau, fille de François et d'Isabelle Fressel (8 et 4 enfants, dont 5 et 2 fils, respectivement, tous nés à Lachine, sauf le premier). En 1694, Jean conduisait à l'autel Marie Perrier, fille de Jean et de Marie Gaillard et veuve de Guillaume Loret dit Lafontaine (6 enfants nés à Lachine). Et en 1701, Jacques unissait sa destinée à celle de Jeanne Verret, fille de Michel et de Marie Deschamps (4 enfants nés à Montréal); Jacques mourut prématurément en 1708.

Deux autres pionniers portant le même patronyme ont largement contribué à l'essor de l'île de Montréal.

Mentionnons tout d'abord François Brunet dit Bourbonnais, originaire de Barlieu, dans l'ancienne province du Bourbonnais, qui lui avait valu son surnom. À Montréal, en 1672, il épousait Barbe Beauvais, fille de Jacques et de Jeanne Soldé, qui lui donna douze enfants, dont cinq nés à Montréal et les autres à Lachine. Trois de leurs fils se marièrent: Jean en 1700, à Kaskaskia, chez les Illinois, où il allait devenir lieutenant de milice, avec une Amérindienne, Élisabeth Deshayes (3 filles); Jean-François en 1706, à Champlain, avec Françoise David, fille de Claude et de Marie-Jeanne Couillard (8 enfants tous nés à Lachine, sauf la benjamine); et Louis en 1721 avec Marie-Madeleine Girard, fille de Léon et de Clémence Beaune (une fille et un fils nés à Lachine).

Il ne subsiste de l'église Saint-Nicolas, à La Rochelle, que la façade et la base de sa tour carrée. En arrière se déploie un hôtel moderne.

Abordons maintenant un autre couple, celui de Jean Brunet dit La Sablonnière, qui fut boucher à Montréal, et de Marie-Madeleine Richaume. Jean, fils de Jean et de Jeanne Bousingost, était originaire de la paroisse parisienne de Saint-Nicolas-des-Champs. Quant à l'épouse, elle était fille de Pierre Richaume et de Marthe Arnu. C'est à Boucherville que Jean épousa Marie-Madeleine, en 1677.

Le couple eut quatorze enfants, les uns nés à Contrecœur, les autres, à Montréal. Au moins trois fils fondèrent à leur tour des foyers : Jean en 1719 avec Louise Maugue, fille de Claude et de Louise Jousset (10 enfants), Augustin en 1721 avec Élisabeth Jetté, fille de Louis-Charles et d'Élisabeth Handgrave (3 enfants) et François, qui était dit Jacques, en 1722, avec Catherine Bourgault, fille de Gilles et de Marie-Marthe Gazaille (6 enfants). Les filles s'allièrent à plusieurs familles :

Dès que le visiteur a franchi le portail de l'ancienne église Saint-Nicolas, il pénètre dans un hôtel de la chaîne Ibis.

Maret, Harel, Gazaille, Émery, Jetté, Busson et Bourgault.

Pour terminer, rappelons la mémoire de deux autres pionniers qui ont fondé des foyers en Nouvelle-France au XVIIe siècle.

Pierre Brunet, un Poitevin originaire de Niort, épousa à Québec, en 1690, Angélique Lefebvre, fille de Louis et de Suzanne de Bure et veuve du maître taillandier Jean Gauthier dit Larouche. Le couple eut cinq enfants tous nés à Québec.

Enfin, François Brunet, originaire de Fouquebrune, non loin d'Angoulême, unit sa destinée à celle de Louise Letartre, fille de Charles et de Marie Maheu, à L'Ange-Gardien, en 1695. Onze enfants naquirent de cette union, les deux premiers à L'Ange-Gardien et les autres, aux Grondines.

Compte tenu des descendants des Brunet qui ont essaimé dans la région de Montréal, ne nous étonnons pas de trouver quelque quinze cents abonnés portant ce patronyme dans l'annuaire téléphonique!

Les Cadotte ont été de hardis voyageurs

On sait depuis peu d'où nous est venu Mathurin Cadot dit Poitevin, qui fonda une famille à Montréal en 1688. Son surnom révélait bien sa province d'origine, mais les généalogistes ne semblaient pas connaître le nom du bourg. L'un de ses descendants, M. Albert Cadotte, a repéré ce renseignement dans un contrat du notaire Bénigne Basset. L'ancêtre y est dit «du bourg d'Augé en Poitou, proche Saint-Maixent».

Par ailleurs, Mme Jeanne Drouet, présidente de l'Institut généalogique de La Rochelle, lui a communiqué le fruit de recherches effectuées par un confrère de la même ville, M. Jean-François Paboul. Le 8 décembre 1624, par-devant les notaires Duryvault et Sanxon, deux couples arrêtaient des conventions de mariage : Pierre Cadot, veuf de Marie Bisson, avec Jeanne Annibert, veuve de Pierre Rossegand, de même que René Cadot, fils de Pierre et de la défunte Marie Besson, avec Renée Rossegand, fille de Pierre et de Jeanne Annibert. Contrat peu commun : un père qui épouse la future belle-mère de son fils et un fils qui épouse la fille de la future épouse de son père ! Or l'ancêtre Mathurin était le fils de René Cadot et de Renée Rossegand.

C'est donc à Montréal, le 31 juillet 1688, que Mathurin conduisit à l'autel Marie-Catherine Durand, fille de Jean et de Catherine Anenontha. Cette dernière était la fille d'un chef huron de la baie Georgienne. Elle avait vu le jour en 1649. Or, la même année, les Iroquois fondaient sur les missions huronnes. La petite Catherine perdit son père et c'est avec sa mère qu'elle fut conduite à l'île d'Orléans avec ses congénères qui avaient survécu au massacre.

Mathurin n'était marié que depuis cinq jours lorsqu'il se présenta avec sa compagne par-devant le notaire Basset. Il avait résolu de «monter aux Outaouais», et comme une telle excursion n'était pas sans danger, il fit don à son épouse de tous ses biens en cas de mort «pourvu qu'au jour de son décès il n'y ait aucun enfant». Le contrat fut signé «en la maison du moulin, dit le fort» en présence d'un témoin, Charles Gervaise.

Le couple se fixa par la suite à Batiscan et eut six enfants dont quatre fils qui, tous, fondèrent des foyers. C'est tout d'abord une fille qui voit le jour, en 1690; elle devait décéder au seuil de ses dix-huit printemps. Puis naît François, qui était dit Jean, en 1693. Le 20 novembre 1721, à Batiscan, il épousait Marie-Josèphe Proteau, fille de Luc et de Marie-Madeleine Germain, qui devait lui donner six enfants dont cinq fils. L'un d'eux, Jean-Baptiste, est passé à l'histoire. En effet, il fut le dernier commandant français du Sault-Sainte-Marie (fort situé du côté américain), qu'il dut remettre en 1762 à l'officier britannique Jamet. Quelques mois plus tard, il sauvait la vie au premier voyageur anglais venu de Montréal, Alexander Henry. En 1756, il avait épousé une néophyte amérindienne baptisée sous le prénom d'Anastasie.

Nous ne saurions passer sous silence Michel, un des fils de Jean-Baptiste, qui s'établit dans l'actuel état du Wisconsin, y épousa lui aussi une autochtone appartenant à la tribu des Ojibways. Il fonda un poste dans une île (à Bayfield) que l'on désigne sous le nom de Madeline Island : l'épouse de Michel avait reçu au baptême le prénom de Madeleine.

Revenons aux enfants du couple Cadot/Durand. En 1697 naissait une deuxième fille, Marie-Jeanne, qui allait épouser Jacques Tifault en 1725.

Trois fils virent ensuite le jour. René épousa, le 29 avril 1726, Louise Proteau, la sœur de Marie-Josèphe, mentionnée précédemment ; ils eurent sept enfants, dont deux fils. Mathurin, né en 1701, contracta deux mariages qui furent prolifiques ; le 27 octobre 1727, il unissait sa destinée à celle d'Angélique Gaudry, fille de Jacques et d'Anne Bourdon, puis, le 13 février 1741, il s'unissait à Félicité Hayot (Ayotte), fille d'Étienne et d'Anne-Félicité Bonhomme, dite Beaupré ; treize enfants dont six fils naquirent de ces deux mariages. Enfin, Charles, le 22 janvier 1731, à la Pointe-aux-Trembles (île de Montréal), conduisait à l'autel Denise Toin (Thouin), fille de Germain et de Marie-Madeleine Baudoin. De cette union naquirent onze enfants, dont cinq fils.

Nous avons signalé que l'ancêtre Mathurin, dès après son mariage, était «monté aux Outaouais». Au moins trois de ses fils devaient aussi répondre à l'appel de l'aventure. En 1717, l'aîné, François, s'engageait auprès de Joseph Raimbault de Piedmont pour une expédition à Michillimakinac. En 1722, René Cadot se mettait au service du sieur Paul Ruypalais pour aller dans les pays d'En-Haut. En 1724, c'est au tour de Charles de signer semblable engagement auprès de Jean-Baptiste de Saint-Ours, sieur Deschaillons, pour effectuer «un voyage dans le Nord» ; celui-ci commandait alors le fort Kaministiqua (maintenant Thunder Bay), et c'est Jacques Le Ber de Senneville qui engageait en son nom de hardis jeunes hommes chargés de transporter des marchandises à l'intérieur du pays et d'en rapporter des fourrures.

La famille Cadot a donné à la Nouvelle-France d'audacieux voyageurs. M. Albert Cadotte, que nous avons cité précédemment, a relevé plus d'une cinquantaine de contrats signés par des Cadot ou des Cadotte entre 1670 et 1813 dans les répertoires des engagements pour l'Ouest dressés par l'archiviste É.-Z. Massicotte. On désignait par le terme *voyageur* ceux qui s'acquittaient de telles expéditions.

L'ancêtre Mathurin, avons-nous signalé, était originaire d'Augé, une modeste commune de l'actuel dé-

Dès qu'on entre dans la petite commune d'Augé, département des Deux-Sèvres, le clocher de l'église domine les toits environnants.

L'église d'Augé, dédiée à saint Grégoire, date du XIᵉ siècle. Sa partie la plus ancienne a été classée. C'était l'église de l'ancêtre Mathurin Cadot.

partement des Deux-Sèvres. Elle figure sur les cartes à grande échelle. La N 11, qui va de Poitiers à Niort, passe par Saint-Maixent-l'École (32 km de Poitiers). Ici débute la D 6 qui, direction nord-ouest, atteint Augé en 7,50 km. On y trouve une vénérable église qui fut celle de la famille Cadot. Sa partie la plus ancienne, qui est classée, date du XIᵉ siècle. Dès l'an 1099, Pierre II, évêque de Poitiers, la concédait à perpétuité au titulaire de l'abbaye de Saint-Maixent et à ses successeurs. À l'époque des guerres de Religion, elle a subi bien des meurtrissures.

Quant au patronyme, le spécialiste en anthropologie Albert Dauzat nous dit que ce serait une variante de *Cadet*, désignant un fils qui a vu le jour après l'aîné de la famille. Au Québec, comme dans beaucoup de cas, on a doublé euphoniquement la dernière consonne, de sorte que nous avons davantage de Cadotte que de Cadot.

Les Chapdelaine, pionniers et miliciens de Saint-Ours

En 1672, l'intendant Talon octroyait des seigneuries à plusieurs officiers du régiment de Carignan-Salières. L'un d'eux, Pierre de Saint-Ours, capitaine d'une compagnie qui portait son nom, reçut un domaine qui avait front sur le Saint-Laurent et s'étendait jusqu'à la rivière Yamaska. Il avait pour voisins deux compagnons d'armes: Pierre de Saurel et Antoine Pécaudy de Contrecœur.

Le seigneur s'employa à valoriser ses terres. C'est ainsi que, le 10 octobre 1708, il accordait une concession de dix arpents de front sur trente de profondeur à André Chapdelaine dit Larivière, un soldat qui avait revêtu l'uniforme militaire au sein de la compagnie de Saint-Ours. C'est le seul ancêtre de ce nom qui ait franchi l'Atlantique avant la fin du XVIIe siècle. Il devait élever une nombreuse famille, et d'autant plus remarquable que tous ses seize enfants atteignirent l'âge adulte et sauf un, mort célibataire, fondèrent à leur tour des foyers.

Fils de Julien Chapdelaine et de Jeanne Le Masson, André avait vu le jour à Plomb, en Normandie.

C'est aujourd'hui une petite commune du département de la Manche, située près d'Avranches, à quelques kilomètres seulement de la célèbre baie du Mont-Saint-Michel. Il reçut le baptême le 10 septembre 1664.

La vieille église de Plomb existe toujours, avec sa tour carrée coiffée d'un toit en bâtière surmonté de deux petites croix et que domine le coq traditionnel. On peut facilement repérer l'endroit sur la carte. Il est situé en bordure de la N 175, qui va de Caen à Avranches. À 78 km de Caen, direction sud-ouest, se rencontre Villedieu-les-Poêles, qui possède une fonderie de cloches. Plomb n'est qu'à 15 km plus loin. Il ne reste plus alors que 9 km pour atteindre Avranches dont la cathédrale eut pour évêque titulaire un oncle maternel de Mgr François de Laval. Avranches fut le point de départ de la grande offensive alliée vers Paris en 1944.

En 1691, à Saint-Ours, André Chapdelaine fondait un foyer avec Marie-Anne Chèvrefils, fille de François, qui était dit Lalime, et de Marie Lamie. Le couple avait signé son contrat le 16 septembre, mais on ne connaît pas la date exacte du mariage, un incendie ayant détruit les registres pour la période de 1687 à 1700. On ignore pour la même raison la date de naissance de la plupart des enfants. Le chanoine Napoléon Delorme, qui était membre de la Société généalogique canadienne-française en 1948, a établi l'année approximative de chaque baptême en recoupant divers documents (voir les *Mémoires* de la Société généalogique canadienne-française, vol. III, nº 2, p. 68).

Onze des 16 enfants du couple Chapdelaine/Chèvrefils furent des fils, et neuf d'entre eux vécurent à Saint-Ours. Cinq fils virent tout d'abord le jour, et nous inscrivons entre parenthèses l'année approximative de leur naissance et l'année de leur mariage. Louis (1692) épousa à Saint-François-du-Lac (1729) Marie-Anne Bonin, fille d'André et d'Angélique Pinard, puis, à Lanoraie (1739), Charlotte Robitaille, veuve de Jean-Baptiste Guignard dit Dalcourt. François (1693) choisit pour compagne (1723) à Saint-François-du-Lac Exupère Couturier, fille de Pierre et de Gertrude Mongras. Pierre (1694) conduisit à l'autel, également à Saint-François-du-Lac (1723), Charlotte-Josèphe Pinard, fille de Claude et de Françoise Gamelin, puis (1736), dans la même localité, Marie-Jeanne Forcier, fille de Joseph et de Gertrude Joyel.

Joseph (1695), le quatrième fils, mourut célibataire à l'âge de 76 ans. Le cinquième, Jean-Valérien (1696) épousa à Verchères (1731) Angélique Dansereau, veuve de François Fontaine et fille de Pierre Dansereau et d'Angélique Abiron.

Deux filles naquirent ensuite: Agathe (1699) unit sa destinée (1726) à celle de Joseph Charpentier dit Sansfaçon puis (1769) à celle de Louis Rodrigue; Marie-Anne (1700) se laissa conduire à l'autel (1734) par Joseph Forcier.

Quatre fils se succédèrent ensuite; nous les énumérons en ajoutant le nom de l'épouse et l'année du mariage: Antoine (1704) et Catherine Boudreau dite Graveline (1737), fille de Jean et de Françoise Basinet; François-Marie (1705) et Geneviève Dansereau (1742), sœur d'Angélique; Jean-Baptiste (1708) et Charlotte Coutu (1742), fille de Daniel et de Catherine Charpentier; et Augustin-Séraphin (1710) et Josèphe Brisset dite Dupas (1748).

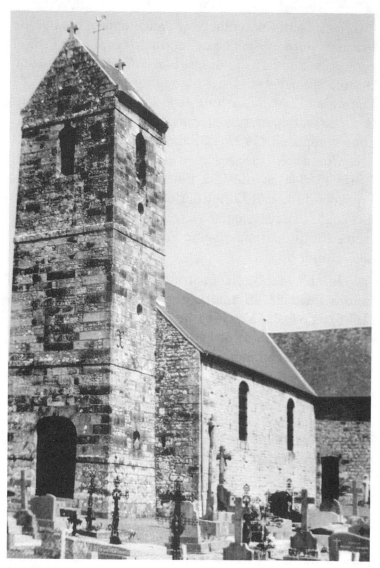

L'église de Plomb, en Normandie, où fut baptisé l'ancêtre André Chapdelaine dit Larivière, un pionnier de la seigneurie de Saint-Ours.

Le 12ᵉ, le 13ᵉ et le 14ᵉ enfant furent une fille, un fils et une autre fille. Louise (1710) épousa François Cartier (1736); André (1714) conduisit à l'autel (vers 1746) Marie-Agnès Mongrain dite Lafond, fille de Jean et de Françoise Rivard; Marie-Josèphe (1718) s'unit (1734) à François Vel dit Sancoucy.

André Chapdelaine perdit son épouse en 1719; âgée de seulement 45 ans, cette dernière laissait quatorze enfants. L'année suivante, il contractait une seconde union, avec Marie-Anne Joly, fille de Pierre et de Madeleine Tessier. Elle devait lui donner un fils et une fille. Louis, qui était dit «le jeune», l'aîné portant

La cathédrale d'Avranches, dont dépendait la paroisse de Plomb. Mgr de Péricard, oncle maternel du fondateur de l'Église canadienne, François de Laval, en fut l'évêque titulaire.

le même prénom, né en 1724, épousa en 1752 Élisabeth Dansereau, sœur d'Angélique et de Geneviève. Marie-Anne (Marie-Reine), née en 1726, devint en 1750 la compagne du soldat parisien Antoine Mellier dit de Belleville puis, en 1768, celle de Dominique Bérard.

Le père et deux de ses fils jouèrent un rôle important dans la milice de Saint-Ours. Le premier en fut le lieutenant, puis le capitaine. Valérien en fut longtemps le capitaine : nommé à ce poste en 1755, il l'était encore en 1771. Le frère de celui-ci, prénommé André comme le père, y fut major de la milice à partir de 1760. La famille participait activement à la vie paroissiale. Le père fut marguillier en charge en 1713 et Valérien figurait au nombre des syndics élus pour la construction d'une église au Petit-Saint-Ours, bourg de la rive sud de la rivière Richelieu, entre 1752 et 1755.

Les frères François-Marie et Séraphin s'engagèrent en 1737 et 1738 pour des voyages soit au poste de Détroit, soit à Michillimakinac, dans le cadre de la traite des fourrures.

La famille contribua aussi à l'approvisionnement des troupes. On sait que pendant la guerre qui allait aboutir à la capitulation, l'intendant Bigot soldait les dépenses des campagnes au moyen de lettres de change sur le trésor. Après la Conquête, soit en 1763, on dressa un état des bordereaux encore en souffrance ; on y trouve les noms de la veuve d'André Chapdelaine pour 1 792 livres 10 sols ; de Louis Chapdelaine pour 3 232 livres ; de François Chapdelaine pour 2 409 livres et de Joseph Chapdelaine pour 2 305 livres 10 sols. Des paysans à l'aise !

Les Courtemanche, pionniers de Rivière-des-Prairies

On est certain, depuis peu, d'où nous est venu Antoine Courtemanche, qui est sans doute l'ancêtre de toutes nos familles de ce nom. Certains le disaient originaire de Bannes, diocèse du Mans; d'autres, peut-être de Chevillé, canton de Château-du-Loir. Or, au tout début de 1993, le président du Cercle généalogique Maine et Perche repérait dans les registres de Bannes l'acte suivant: «Le 1er août 1640 fut baptisé Antoine, fils de Pierre Courtemanche et de Marie, sa femme; parrain, Antoine Perdriau; marraine, Magdeleine Perdriau, tous de cette paroisse.» Les dictionnaires généalogiques ne mentionnent aucun autre pionnier venu en Nouvelle-France, portant le même patronyme.

Antoine Courtemanche ne serait pas né dans l'actuelle commune de Bannes, mais dans un bourg de même nom où ne subsistent plus que quelques bâtiments et qui se trouve sur la commune de Dissay-sous-Courcillon, près de la N 158, au centre d'un triangle dont les pointes seraient cette commune et celles de Saint-Pierre-de-Chevillé et de Château-du-Loir (voir les *Mémoires* de la Société généalogique canadienne-française, n° 198, p. 263).

Quant à l'origine du patronyme, nous n'avons trouvé qu'une seule indication : il proviendrait d'un toponyme qui se rencontre dans la Somme, l'Eure, l'Orne et la Sarthe. Ainsi, il existe une toute petite commune de ce nom dans l'arrondissement de Montdidier.

On ne sait pas toujours quand un pionnier est débarqué en Nouvelle-France, mais nous savons que dans le cas d'Antoine Courtemanche, ce fut le 7 septembre 1659, alors que le *Saint-André* atteignait Québec après une fort pénible traversée : la peste s'était déclarée à bord et on avait jeté à la mer les corps d'une dizaine de victimes. La plupart des passagers avaient Ville-Marie pour destination. Ils devaient renforcer la petite population du poste, toujours menacée par les Iroquois. Avaient également traversé l'océan Jeanne Mance et les trois premières hospitalières qui venaient prendre charge de l'Hôtel-Dieu.

Antoine avait signé son contrat d'engagement le 8 juin (1659) par-devant le notaire Demontreau, à La Rochelle, pour une période de cinq ans au salaire de 65 livres par année. L'infatigable Jérôme Le Royer de La Dauversière l'avait recruté, mais au nom de M. Gabriel Souart, le premier curé de Ville-Marie. Il devait donc être à l'emploi des Messieurs de Saint-Sulpice.

Le 26 avril 1663, Antoine Courtemanche épousait, à Ville-Marie, Élisabeth Haguin, fille d'Abraham et de Marie Décalogne, originaire de Couperay, près de Meaux. Le sieur de Maisonneuve assistait à la cérémonie, ainsi que quatre pionniers : Claude Robutel, Jean Gervaise, André Charly et Pierre Desautels. Le contrat avait été signé le jour même par-devant le notaire

Bénigne Basset, à la maison de la congrégation de Notre-Dame: la jeune fille était probablement une pupille de Marguerite Bourgeoys.

Lorsque, la même année, se forme la Milice de la Sainte-Famille, Antoine s'y enrôle. Ville-Marie vacille sous les coups des Iroquois. En 1660, Dollard des Ormeaux et ses compagnons ont péri au Long-Sault; en 1661, deux sulpiciens, Jacques Lemaître et Guillaume Vignal, ont été tués par les Iroquois alors qu'ils s'affairaient à la construction du premier séminaire; en 1662, c'est le brave Lambert Closse qui perd la vie. Enfin, en 1663, un violent tremblement de terre secoue la colonie. L'abbé Souart et le sieur de Maisonneuve, secondés en cela par Jeanne Mance et Marguerite Bourgeoys, estiment qu'un renouveau de dévotion à l'égard de la sainte Famille et la mise sur pied d'une milice vigilante pourraient conjurer de telles menaces. Antoine Courtemanche, nous dit l'historien Faillon, s'incorpora à la quatorzième escouade. Peut-être est-ce à ce moment qu'il adopta le sobriquet de Jolicœur que l'on attribuait souvent aux soldats.

En 1665, le 2 avril, le sieur de Maisonneuve, reconnaissant sans doute le caractère très stable d'Antoine, lui concède une terre de trente arpents «au lieu nommé Saint-Martin, au-dessous du premier ruisseau». L'actuelle rue Iberville marquait la limite ouest d'une grande concession appartenant aux Sulpiciens et donnant sur le fleuve; le chemin qui la bordait en front portait le nom de Sainte-Marie. Tout de suite à l'est débutait la côte Saint-Martin. Selon l'historien Marcel Trudel, la terre d'Antoine Courtemanche était la troisième, côté est. L'Association des familles Courtemanche pense que l'actuelle rue Davidson devrait en marquer approximativement la situation.

En 1667, les recenseurs notent la présence d'Antoine et d'Élisabeth sur leur terre. Ils ont deux enfants sous leur toit, Madeleine, trois ans et demi, et Antoine, 15 mois. Ils mettent six arpents en valeur. En fait, la présence du petit Antoine est quelque peu... prématurée, car il ne devait naître que l'année suivante. Il s'agissait sans doute plutôt d'une seconde fille, Anne, qui était âgée d'un peu plus d'un an lors du passage des recenseurs.

Le couple Courtemanche/Haguin n'eut que quatre enfants, et c'est par son seul fils, Antoine, que le patronyme se perpétua. Le père décéda prématurément,

La paroisse Saint-Joseph de Rivière-des-Prairies ne fut érigée canoniquement qu'en 1834, mais les Sulpiciens y tenaient des registres depuis 1687. Les Courtemanche y figurent depuis 1703. De nos jours, l'église et le presbytère forment un agréable ensemble architectural.

Devant l'église de Rivière-des-Prairies, une stèle évoque la première messe dite en 1615 sur les bords de la rivière, mais son emplacement est contesté. Une autre stèle, plus moderne, rappelle le même événement dans un parc, à Ahuntsic.

à l'âge de 30 ans, en juin 1671, moins d'un an après la naissance de la dernière enfant, Élisabeth. L'année suivante, sa veuve se remariait, avec le tonnelier Paul Daveluy dit Larose ; elle devait lui donner huit enfants.

Trois des enfants du couple Courtemanche/Haguin fondèrent des foyers : Madeleine en 1680 avec Jean Roy, Anne en 1686 avec Laurent Archambault et Antoine en 1688 avec Marguerite Vaudry. La dernière de la famille, Élisabeth, se fit religieuse.

C'est donc Antoine qui devait assurer la pérennité du patronyme, et il le fit fort généreusement. Le 8 novembre 1688, à Montréal, il fondait un foyer avec Marguerite Vaudry, fille de Jacques et de Jeanne Renaud. Elle devait lui donner quinze enfants, dont neuf fils. Cinq de ceux-ci fondèrent à leur tour des foyers : Jacques en 1725 avec Marie-Anne Migeon, Pierre en 1733 avec Marie Fissiau, Barthélemy en 1741 avec Josèphe Maillet, Antoine en 1752 avec Catherine Lacoste dite Languedo et Jean-Baptiste en 1754 avec Agnès Martin.

Le couple Courtemanche/Vaudry compte au nombre des pionniers de Rivière-des-Prairies, où les desservants sulpiciens ouvrirent des registres dès 1687. Tous ses enfants y furent baptisés à partir de 1703.

La famille Crevier a payé son tribut à la menace iroquoise

Montréal, la métropole du Québec, a longtemps été désignée comme «la ville aux cent clochers». Ce que l'on sait moins, c'est que Victor Hugo en a dit autant de Rouen, qu'il appelait «la ville aux cent clochers carillonnant dans l'air» même si plusieurs d'entre eux avaient déjà disparu à son époque.

Hélas, cet immense patrimoine se résume de nos jours à une dizaine d'églises dont deux sont affectées à des usages profanes. À elle seule, la pittoresque rue piétonnière du Gros-Horloge et la place du Marché à laquelle elle conduit en comptaient quatre, dont celle de Saint-Herbland où Cavelier de La Salle avait été baptisé.

À seulement cinquante mètres au sud, la rue aux Ours, parallèle à celle du Gros-Horloge, en desservait trois, dont Saint-Cande-le-Jeune, dont il ne subsiste plus que la tour. Mais ces pierres abandonnées, couronnées de gargouilles, sont chères au cœur des Crevier du Québec: c'est là que, le 17 février 1611, fut baptisé le premier pionnier de ce nom venu en Nouvelle-France, Christophe Crevier, sieur de La Mêlée, fils de Nicolas

75

et d'Anne Basiret. Il était boulanger, tout comme son père et son grand-père, Hugues, qui exerçait son métier dans la paroisse Sainte-Croix-Saint-Ouen.

Christophe fut sans contredit l'un des tout premiers colons de l'établissement des Trois-Rivières, fondé en 1634 par le sieur de Laviolette. C'est là, en effet, que naquit, dès 1640, le troisième enfant du couple. En 1652, l'aînée de la famille, Jeanne, devenait l'épouse de nul autre que Pierre Boucher, que l'on a surnommé à juste titre le «patriarche de la Nouvelle-France».

Christophe avait épousé une Rouennaise, Jeanne Évard, et si le couple avait eu le bonheur de voir leur fille épouser le capitaine du bourg des Trois-Rivières, il eut la douleur de perdre les deux fils nés après Jeanne: capturé par les Iroquois, Antoine fut assassiné à coups de couteau en 1661. Son frère, François, surpris dans la commune des Trois-Rivières par une vingtaine d'Iroquois, avait été également tué, le 28 mai 1653.

Le couple Crevier/Évard eut sept autres enfants, dont cinq fils. Trois de ceux-ci devaient se marier.

Le 26 novembre 1663, aux Trois-Rivières, Jean conduisait à l'autel Marguerite Hertel, fille de Jacques et de Marie Marguerie et sœur du célèbre François Hertel. Il était marchand de fourrures et, en 1676, se porta acquéreur de la seigneurie de Saint-François-du-Lac, qui appartenait à Pierre Boucher. Cinq enfants naquirent au couple Crevier/Hertel, dont trois fils. L'un fut tué à l'âge de 21 ans lors d'une expédition contre Salmon Falls, en Nouvelle-Angleterre, à la fin de mars 1690. L'aîné, Joseph, qui était sieur de Saint-François, conduisit à l'autel, au Cap-de-la-Madeleine, en 1697, Marie-Angélique Boulanger, fille de Pierre et de Marie-

Renée Godefroy (6 enfants). En 1708, Jean-Baptiste, qui était dit Deschenaux, épousa à Champlain Marie-Madeleine Babie, fille de Jacques et de Jeanne Dandonneau (5 enfants); un second mariage demeura sans postérité. Quant aux deux filles du couple Crevier/Hertel, Marguerite et Marie-Anne, elles s'allièrent à la famille Babie en épousant respectivement François-Étienne et Pierre Babie, les frères de Marie-Madeleine.

Décidément, les Iroquois avaient aligné les Crevier dans leur collimateur! En 1693, après la naissance de tous ses enfants, le seigneur de Saint-François-du-Lac avait été enlevé par certains d'entre eux, mais ils ne le mirent pas à la chaudière, car il eut la veine d'être racheté par les Anglais d'Albany. Hélas, peut-être lui avait-on fait subir trop de sévices, car il mourut peu après sans revoir son pays natal.

En 1665, au Cap-de-la-Madeleine, c'était au tour de Nicolas Crevier, sieur de Bellerive, de prendre épouse: Louise Lecoutre, d'origine inconnue. Contrairement à son frère Jean, les dictionnaires généalogiques donnent peu de renseignements sur ce qu'il advint de sa progéniture, même si le couple eut onze enfants, dont cinq fils; ils ne retiennent que le mariage de deux d'entre eux. Claude, en 1706, épousa Marie-Jeanne Petit, fille de Joseph et de Marie Chenay, puis, en 1711, Catherine Jutras, fille de Claude et d'Élisabeth Radisson, cette dernière étant la fille du célèbre coureur de bois Pierre-Esprit Radisson; deux filles et un fils naquirent respectivement de ces deux unions. L'autre fils, Michel, choisit pour compagne, en 1709, Marie-Angélique Massé, fille de Jacques et de Catherine Guillet: quatre enfants dont un fils.

Nicolas et ses fils semblent avoir été grands voyageurs. D'ailleurs, le père était absent lors du baptême de

Cette tour, qui domine toujours la rue aux Ours, est tout ce qui reste de l'église Saint-Cande-le-Jeune, où le pionnier Christophe Crevier a été baptisé en 1611.

sa deuxième fille, Marguerite-Louise, qui, en secondes noces, choisit pour époux un guide fort réputé, Robert Groston dit Saint-Ange, qui servit d'escorte à l'historien Charlevoix lorsqu'il descendit le Mississippi jusqu'en Louisiane en 1721. Deux des filles du couple Crevier/Lecoutre se firent religieuses à la Congrégation de Notre-Dame.

Penchons-nous maintenant sur la progéniture de l'autre des trois fils du couple Crevier/Évard qui fonda

Aspect de la rue Saint-Romain, à Rouen, qui conduit à la belle église Saint-Maclou. Les guides chevronnés dans le domaine du patrimoine disent que, selon les historiens, les colonnes que l'on aperçoit à droite proviennent de l'église Saint-Cande-le-Jeune.

un foyer, Jean-Baptiste, qui était dit Duvernay. C'est en 1682, à Champlain, qu'il unit sa destinée à celle d'Anne-Charlotte Chorel, fille de François et de Marie-Anne Aubuchon. Le couple vécut tout d'abord à Champlain, où lui naquirent une fille et un fils, puis se fixa à Montréal, où il porta au baptême deux fils et une fille. L'un des fils, Pierre, qui était lui aussi dit Duvernay, épousa à la Pointe-aux-Trembles, en 1724, Thérèse Chevalier, fille de Joseph et de Marthe Barton. Le couple eut trois fils.

Mentionnons pour terminer un soldat de la compagnie de Bégon, Jean Crevier dit Saint-Jean, originaire de l'évêché de Cahors, qui épousa à Montréal, en 1713, Rosalie Prévost, fille d'Eustache et de Marie-Élisabeth Guertin. Selon Tanguay, le couple eut une dizaine d'enfants. Quatre des fils fondèrent des foyers: Jacques (1735) avec Thérèse Prud'homme (une fille), Jean-Baptiste (1737) avec Ursule Pigeon (14 enfants), Ignace (1748) avec Marie-Charlotte Drouin (6 enfants) et Louis-René (1748) avec Marie-Louise Turcot (10 enfants). C'est au Sault-au-Récollet que Jean-Baptiste, Ignace et Louis-René se marièrent, de même que leur sœur, Marie-Élisabeth, qui, en 1740, y unit sa destinée à celle de Pierre Rose, à qui elle donna sept enfants; elle décéda une semaine après la naissance d'une fille, à la fin de février 1748.

Chez les Demers : deux frères et un cousin venus de Dieppe

C'est en vain que l'on recherche l'origine de ce patronyme dans les dictionnaires étymologiques des noms de famille publiés en France. D'ailleurs, les premiers ancêtres de nos Demers sont mentionnés comme étant des *Dumets*. Albert Dauzat, dans son *Traité d'anthronomie française*, estime que ce nom de famille découlait du court monosyllabe *mas* désignant une maison rurale, mais qui, en langue d'oïl était *més*. Il en est résulté les patronymes Dumet, Dumeiz, Dumez et Dumets.

Si l'on en juge par l'importance numérique de leur progéniture, les frères Jean et André Dumets et leur cousin, Étienne, sont les ancêtres de la plupart de nos Demers. Ils étaient originaires de la paroisse Saint-Jacques, à Dieppe, et pour les fins de ce rappel généalogique, nous retiendrons la forme moderne de l'épellation.

Étienne fut le premier à fonder un foyer en Nouvelle-France. Fils de Jean et de Miotte Lecombe, il était charpentier. Le 28 janvier 1648, à Québec, il épousait Françoise Morin, fille de Jean et de Jeanne Denoise et veuve d'Antoine Pelletier; au tout début du mois d'octobre précédent, Pelletier s'était noyé, son canot ayant chaviré dans le fleuve, non loin de la chute Montmorency.

Le couple devait avoir huit enfants, mais les quatre premiers moururent jeunes, car en 1666 les recenseurs ne trouvent sous le toit familial, à Sillery, que quatre enfants. La mère aussi est décédée. Étienne doit élever quatre fils encore fort jeunes : Étienne, neuf ans, Joseph, sept ans, Eustache, cinq ans, et François, trois ans. Deux engagés le secondent, mais il ne persévérera pas à Sillery : en 1681, les recenseurs le trouvent établi dans la seigneurie de Maure (Saint-Augustin-de-Desmaures). Il a deux fils avec lui, les deux plus jeunes, Eustache et François, qui l'aident à mettre 14 arpents en valeur.

En 1686, Étienne épousait Jeanne-Françoise Ménard, fille de Jacques et de Catherine Forestier, qui lui donna sept enfants, dont trois fils. Deux fondèrent des foyers : Étienne, qui épousa Françoise Viger à Boucherville en 1722, et Maurice, qui la même année conduisit à l'autel Marie Boyer, dans la même paroisse.

Joseph, qui fut domestique chez les Jésuites à leur mission des Outaouais, contracta quatre unions, les deux premières à Laprairie et les autres à Varennes : en 1682 avec Marguerite Guitault, fille de Jacques et de Marguerite Rebours, en 1699 avec Marguerite Perras, fille de Pierre et de Denise Lemaître et veuve de Pierre Poupart, en 1708 avec Marie-Angélique Brunel, fille de Jacques et de Suzanne Bertault, et en 1712 avec Marie-Françoise Petit, fille de Nicolas et de Marie Pomponelle et veuve de Léonard Lalue. Il semble qu'une quinzaine d'enfants soient nés de ces unions.

Eustache choisit pour compagne de vie, en 1688, Catherine Perras, la sœur de sa belle-sœur, qui fut mère de dix enfants tous nés à Laprairie. Enfin, François, qui fut lui aussi un domestique des Jésuites chez les Outaouais, choisit pour compagne de vie, en 1700, Jeanne Roinay, fille de François et de Perrine Meunier et veuve d'Étienne Bisaillon; le couple eut trois fils nés soit à Saint-Lambert, soit à Laprairie.

Les quatre fils du pionnier Étienne contribuèrent donc à l'essor de la rive sud du fleuve Saint-Laurent, depuis Laprairie jusqu'à Verchères.

Quant aux frères André et Jean Demers, ils étaient fils de Jean et de Barbe Mauger. Franchirent-ils l'Atlantique en même temps? Probablement, car c'est la même année qu'ils se marièrent à Montréal: André avec Marie Chefdeville, le 7 janvier 1654, et Jean avec Jeanne Voidy, le 9 novembre. Chacun des couples devait avoir douze enfants. Étaient témoins au mariage d'André et de Marie le sieur de Maisonneuve, le major Lambert Closse et Pierre Gadois, qui avait été le premier à recevoir une concession à Ville-Marie.

Le 20 août de l'année suivante, André se voyait octroyer sa propre terre, de quinze arpents, «tirant vers la rivière Saint-Pierre». À part un incident survenu en 1667, le couple semble avoir mené une existence fort calme. Cette année-là, un officier du régiment de Carignan, le major Baltazar de La Flotte de La Freydière, s'étant permis de chasser sur la concession d'André, celui-ci s'y objecta. L'officier n'était pas particulièrement vertueux, car l'historien Faillon a écrit qu'il fut le pire des chefs militaires du régiment qui firent scandale.

Des douze enfants du couple, dix fondèrent des
foyers, dont six fils. Or, quatre de ces fils et l'une
des filles épousèrent respectivement quatre des filles et
l'un des fils du couple Urbain Jetté/Catherine Charles.
Lorsqu'un troisième fils voulut épouser l'une des
sœurs Jetté, le père du fiancé protesta, alléguant que ces
emprunts répétés à une même famille amenuisaient l'af-
fection de ses fils à son endroit, mais l'objection ne
freina pas la confluence des deux familles. Bien plus,
un autre des fils, devenu veuf, choisit pour deuxième
épouse une autre des sœurs Jetté. Donc, cinq frères et
une sœur mariés à cinq sœurs et un frère! Fait raris-
sime.

Mentionnons les mariages des fils: Nicolas à
Marie-Barbe Jetté en 1679 (8 enfants); André à Anne
Jetté en 1686 (12 enfants); Jean-Baptiste à Cunégonde
Masta, fille de Mathurin et d'Antoinette Éloy, en 1686
également (3 enfants); Michel à Élisabeth Jetté en 1685
(une fille); Charles à Élisabeth Papin, fille de Pierre et
d'Anne Pelletier en 1689 (9 enfants), puis à Catherine
Jetté, veuve de Guillaume Gournay, en 1707 (sans postérité), puis à Marie-Madeleine Cauchon, fille de René
et d'Anne Langlois et veuve d'Antoine Veron, en 1719
(3 enfants); et Robert à Madeleine Jetté en 1694
(14 enfants). C'est la dernière de la famille, Martine,
qui épousa Paul Jetté, fils du couple Jetté/Charles, en
1697.

Jean Demers, le frère d'André, avait épousé
Jeanne Voidy, en présence, lui aussi, du sieur de Maisonneuve et de Lambert Closse. Il reçut sa concession
le même jour qu'André. Le couple, avons-nous signalé,
devait avoir douze enfants, les trois premiers nés à
Montréal et les autres dans la région de Québec. Au

L'histoire de l'église Saint-Jacques de Dieppe remonte au XIIe siècle, mais c'est seulement au XVe siècle qu'on dota sa façade d'une tour rectangulaire coiffée d'une terrasse ornée de balustrades à 42 mètres au-dessus du sol.

Construite pour abriter la famille de Jean Demers, cette maison, située sur le boulevard Champlain, à Québec, a été érigée en 1689. À l'exception des deux niveaux inférieurs, le carré est demeuré presque intégral.

moins cinq des fils devaient fonder des foyers : René en 1690 avec Anne Dubois (9 enfants) et en 1714 avec Marie-Madeleine Lavoie (9 enfants) ; Pierre en 1691 avec Jeanne Pouliot (4 enfants) et en 1703 avec Jeanne

Houde (4 enfants); Eustache en 1694 avec Marie Dubois (7 enfants); Jean en 1696 avec Jeanne Arrivé (6 enfants); et Nicolas en 1700 avec Anne Rocheron (16 enfants).

Pas étonnant qu'il y ait autant de Demers dans les régions de Montréal et de Québec!

Tous les Duchesneau descendent
d'un même ancêtre poitevin

Plusieurs de nos patronymes ont une origine végétale. Certains sont génériques : Laforêt, Dubois, Dubuisson. D'autres évoquent une espèce particulière : Dufresne, Delorme, Duchesneau. Les arbres ont joué un rôle important dans la désignation des domaines familiaux. Ainsi, on peut présumer que les ancêtres de nos Duchesneau et de nos Duchesne vivaient à proximité de chênaies.

Le plus important Duchesneau venu en Nouvelle-France au XVIIe siècle fut Jacques Duchesneau de la Doussinière et d'Ambault. Il y arriva en 1675 en qualité d'intendant, succédant ainsi au sage Talon, mais il rentra en France après sept années qui furent marquées par sa mésentente avec l'irascible gouverneur de Frontenac.

L'ancêtre de nos Duchesneau est un Poitevin et, comme la plupart des militaires de son époque, il portait un sobriquet. René Duchesneau dit Sansregret, fils de Pierre et de Marie-Charlotte Roy, était originaire de la paroisse Saint-Martin de Fleuré. Il ne faut pas confondre cette petite commune (500 hab.) avec celle de

Fleuré située dans le département de l'Orne. Celle que nous mentionnons se trouve dans le département de la Vienne, au sud-est de Poitiers. Depuis cette ville, la N 147 y conduit en 18 km. Malheureusement, l'église où l'ancêtre a été baptisé n'existe plus; elle a été remplacée par une nouvelle église en 1887.

René Duchesneau franchit l'Atlantique au moment où le capitaine Legouès de Grais, qui avait été officier au régiment de Picardie, prenait le commandement de l'une des compagnies franches de la Marine. C'est après sa démobilisation qu'il fonda un foyer. Le 14 février 1695, à Charlesbourg, il épousait Jeanne Guérin, fille de Clément et de Perrine Coirier. Clément Guérin s'était fixé avec sa famille à la Petite-Auvergne, à Charlesbourg, et c'est également là que s'établit le jeune couple. Les débuts furent modestes : lors du contrat de mariage, la jeune épousée reçoit de ses parents, en guise de dot, une vache de quatre ans et un cochon d'un an, et ils s'engagent à loger et à nourrir les mariés pendant six mois. En attendant de s'installer, René pourra cultiver un arpent de la concession de son beau-père pour nourrir sa famille.

Quelques mois après le mariage, les Jésuites concédaient au jeune couple une terre de quatre arpents de largeur ayant front sur la rivière Saint-Charles. Deux ans plus tard, alors que René avait construit sa maison et défriché quelques arpents, la concession était confirmée par contrat passé devant le notaire Genaple.

Le couple Duchesneau/Guérin eut 13 enfants tous baptisés à Charlesbourg et les fils eurent eux-mêmes une nombreuse progéniture. Un membre de la Société généalogique canadienne-française, M. Marcel Gauthier, est parvenu à identifier plus de 5 000 descendants issus du couple originel.

Les trois premiers enfants furent des fils, nés à Charlesbourg. René (1695) épousa en 1722 Marguerite Balan, fille de Pierre et de Renée Biret et veuve de Mathieu Guay (ou Gastonguay). Pierre (1697) choisit pour compagne en 1726 Marie-Catherine Barbeau, fille de Jean-François et de Catherine Vivier. Jacques (1699) conduisit à l'autel en 1729 Marie-Françoise Lauzé, fille de Paul et de Marie Ledoux.

Puis virent le jour, à la Misère, quatre filles : deux Marie-Jeanne, une Marie-Thérèse et une enfant qui demeura anonyme, décédée et inhumée à sa naissance. Les deux Marie-Jeanne ne vécurent hélas que quelques semaines. En 1728, Marie-Thérèse unit sa destinée à celle du soldat Jean Moras dit Lorrain et, selon le généalogiste Tanguay, lui donna onze enfants. Cette appellation populaire de *Misère* voulait-elle traduire le dénuement dans lequel vivaient les colons ? M. Gauthier, que nous avons cité précédemment, explique qu'il s'agissait d'une déformation de *Miséricorde*, le minuscule bourg ayant été ainsi désigné à cause de l'Institut de la Miséricorde de Jésus.

En 1699, René Duchesneau vend sa terre et en obtient une autre des Jésuites. Lorsqu'en 1721 le procureur général Collet visite toutes les paroisses de la colonie, il note, lors de son passage à Charlesbourg, qu'il y existe quatre villages le long de la rivière Saint-Charles. L'un est désigné par le toponyme Pincourt. C'est là que René s'est fixé et que verront le jour cinq des six derniers enfants. François (1708) épousera en 1740 Marguerite Barbot, fille de Simon et de Catherine Auvray. Marie-Angélique (1710) unira sa destinée en

L'église Saint-Martin, à Fleuré. On a apposé sur sa façade une plaque rappelant la mémoire de René Duchesneau dit Sansregret, ancêtre de tous les Duchesneau de vieille souche.

1739 à celle de Pierre Lafond. Marie-Jeanne (1712) choisira Jean-Baptiste Sévin comme compagnon de vie en 1747. Marie-Charlotte (1714) n'atteindra pas son troisième anniversaire. Jean-Baptiste (1717) conduira à l'autel en 1747 Geneviève Chalifour, fille de Germain et de Catherine Boesmé. Le benjamin, Joseph, né à Charlesbourg, décédera à l'âge d'un an.

Nous avons mentionné que le troisième fils, Jacques, s'est marié en 1729. Cinq mois plus tôt, son père lui vend un arpent de sa concession. Jacques s'engage à prendre soin de ses parents et, advenant quelque malentendu, il pourra se construire une maison sur sa parcelle et aller y vivre. Jusqu'à une telle éventualité, il secondera son père dans la poursuite de la mise en valeur de la terre familiale.

Le père décéda le 9 mai 1740 à l'âge de 75 ans. L'année suivante, Jacques résilia l'acte de 1729, rétrocédant à sa mère la concession familiale. C'est Jean-Baptiste, le benjamin des enfants survivants, qui recevra le bien paternel en 1742. Encore célibataire (il ne devait prendre épouse que cinq ans plus tard), il avait sans doute décidé de demeurer sur la terre et de prendre soin de sa mère. Cette dernière décéda en 1743 et fut inhumé le 18 mars.

L'enracinement du patronyme Duchesneau était bien assuré. En effet, les cinq fils qui se marièrent donnèrent plus d'une trentaine de petits-enfants au couple originel.

Certains fils semblent avoir adopté le surnom du père comme patronyme. En 1762, on ne trouve aucun

Vue générale du centre de Fleuré, département de la Vienne. On distingue l'église, en haut, à droite.

92

Duchesneau à Charlesbourg lors d'un recensement. Jacques Sansregret ensemence huit arpents et Baptiste, douze. Chacun possède quatre bêtes à cornes et un cheval.

En 1993, l'Association des descendants de René Duchesneau dit Sansregret a dévoilé à Fleuré, sur la façade de l'église, une plaque à la mémoire de l'ancêtre.

Les Dupuis, une grande famille aux multiples souches

Les deux premiers Dupuis qui passèrent en Nouvelle-France et s'y marièrent n'ont pas contribué à l'enracinement de leur patronyme. Paul Dupuis, originaire de Beaucaire, près de Nîmes, épousa à Québec, en 1668, Jeanne Couillard, fille de Louis et de Geneviève Després et petite-fille du pionnier Louis Hébert. Jeanne reçut de son père la seigneurie de l'île aux Oies en guise de cadeau de noces, et là naquirent au moins huit des quatorze enfants du couple. Une nombreuse famille, certes, mais que décima la mortalité infantile. Aucun des quatre fils du couple ne se maria. Deux d'entre eux qui atteignirent l'âge adulte se firent soldats, mais décédèrent avant la trentaine. Trois des dix filles prirent le voile, six moururent entre la naissance et l'âge de 17 ans et une seule fonda un foyer. Quand il décéda, en 1713, Paul Dupuis était lieutenant général de la Prévôté de Québec et avait occupé précédemment d'autres postes importants.

Zacharie Dupuis, qui était dit sieur de Verdun et qui, en 1668 également, épousa à Québec Jeanne Groisard, était originaire de Saverdun, comté de Foix (aujourd'hui département de l'Ariège); même si le couple n'eut pas de progéniture, signalons le mérite de ce pionnier. Il fut l'un des premiers à s'établir à bonne distance de Ville-Marie malgré la menace iroquoise. En 1671, en effet, les seigneurs lui concédaient l'arrière-fief de Verdun. La ville de l'île de Montréal que l'on désigne de nos jours sous ce toponyme le doit à l'appellation du lieu natal de ce personnage qui, à sa mort, était major de la garnison de Montréal dont il avait été à deux reprises le gouverneur intérimaire.

En 1670, à Québec, François Dupuis, fils de François et de Marguerite Resneau et originaire de l'archevêché de Limoges, épousait une Bourguignonne, Georgette Richer, fille de Jean et de Léonarde Bornay. Le couple eut sept enfants dont trois fils et deux de ceux-ci fondèrent à leur tour des foyers. En 1694, René épousait Angélique Marie, fille de Louis et de Mathurine Goard, qui devait lui donner douze enfants dont huit fils, tous nés à Laprairie. En 1699, le deuxième fils, Moïse, choisissait une jeune fille d'origine hollandaise comme compagne de vie. Marie-Anne-Louise Christiansen habite alors Corlear (aujourd'hui Schenectady). Quelques jours plus tard, les Français attaqueront la place. Le couple rentrera à Montréal et se fixera lui aussi à Laprairie où naîtront ses neuf enfants, dont trois fils, entre 1700 et 1715.

Nicolas Dupuis dit Montauban, qui travaille comme domestique aux Trois-Rivières lors des recensements de 1666 et de 1667, était originaire de la paroisse Saint-Martin de Montmorency (15 km au nord de Paris). En 1681, à Québec, il épouse Marie-Madeleine Émond, fille de René et de Marie Lafaye, qui lui donna quatre enfants, mais en eut cinq. C'est que, comme beaucoup de jeunes gens, Nicolas s'absentait du foyer pour participer à des expéditions vers l'ouest dans le cadre de la traite des pelleteries. Or, en 1688, elle donnait naissance à une fille de père inconnu «pendant le voyage de son mari à Michillimakinac», rapporte le généalogiste René Jetté. Le bébé décéda à l'âge de deux mois. Avant ce malencontreux événement, deux enfants étaient nés au couple, à Lachine, mais eux aussi étaient morts en bas âge. En 1690 et 1693, deux filles voyaient le jour à Montréal, Angélique et Marie-Charlotte, qui devaient épouser respectivement Charles Fiset et René Patry.

De Guyenne nous vint Jacques Dupuis dit La Garenne, fils de Bernard et de Marie Linsay, qui, aux Trois-Rivières, en 1687, fonda un foyer avec Marie-Madeleine Prévost, fille d'Élie et de Marie Pothier: sept enfants dont deux fils qui décédèrent avant l'âge adulte. Trois des cinq filles contractèrent des unions: Marie-Anne avec Philippe Cauchon (1716), Marie-Marguerite avec Jean-François Vertefeuille (1722) et Thérèse avec Jacques Daneau (1723).

Nous avons évoqué précédemment la famille du Limousin François Dupuis, qui s'était fixée à Laprairie. Il en fut ainsi de celle du Parisien Louis Dupuis qui, en 1688, à Québec, unit sa destinée à celle de Barbe Dubeau, fille de Toussaint et de Marguerite Damy. Le couple eut sept enfants, dont un fils, Jean, qui, en 1724, fonda un foyer avec Catherine Tessier, fille de Paul et de Jeanne Amiot. Ces deux familles ont donné à Laprairie des capitaines de milice qui y ont joué des rôles de premier plan. Le Parisien Louis Dupuis fut un coureur de bois impénitent, un «homme de grande compagnie et dépense», et il dilapida ses biens au point où son

Façade de la collégiale Saint-Martin, à Montmorency. Ce monument a été élevé au XVIe siècle dans le style gothique flamboyant par Guillaume de Montmorency. On y trouve des vitraux Renaissance ornés des armoiries de cette grande famille à laquelle Mgr François de Laval était apparenté. Nicolas Dupuis dit Montauban était originaire de Montmorency.

En contrebas de Saverdun coule l'Ariège, qui prend sa source dans les Pyrénées-Orientales et se déverse dans la Garonne en amont de Toulouse.

épouse dut se pourvoir en séparation pour sauvegarder les siens.

En 1698, à Champlain, François Dupuis dit Jolicœur, originaire de Saint-Astier, non loin de Périgueux, épousait Marguerite Banliac, fille de François et de Marguerite Pelletier. Comme son nom le suggère, c'était un soldat. Le couple se fixa à Maskinongé, et c'est là que naquirent la plupart de ses treize enfants. Cinq de ceux-ci étaient des fils. L'un décéda en bas âge ; les autres, Charles, Jean-François, Antoine et Jean-Baptiste, fondèrent des foyers.

En 1720, Charles conduisait à l'autel Ursule Sicard, fille de Jean et de Geneviève Raté, qui lui donna deux fils. Jean-François contracta deux unions : la première en 1730 avec Marie-Thérèse Marquet, fille de François et de Louise Galarneau (13 enfants dont 7 fils) et la seconde, avec Marie-Josèphe Lecler, fille de Pierre et de Jeanne Bastien (6 enfants dont 4 fils). Antoine se maria aussi deux fois : en 1736 avec Françoise Jutras (un fils et une fille) puis en 1741 avec Marie-Ursule Alary, fille de Pierre-René et de Marie-Josèphe Lemay (14 enfants dont 9 fils). Enfin, Jean-Baptiste conduisit à l'autel, en 1739, Catherine Constantineau, fille de Jean-François et de Marie-Louise Matte (3 fils et 13 filles). Les quatre frères donnèrent plus d'une quarantaine de petits-enfants à leurs parents.

Ceci termine l'énumération des pionniers porteurs du patronyme Dupuis qui ont fondé des foyers en Nouvelle-France au cours du XVIIe siècle et ont eu des enfants. Mais il nous en vint d'autres avant la fin du régime français, notamment : Antoine Dupuis dit Beauregard, originaire de Gascogne, qui épousa Marie-Anne Maranda à Montréal en 1706, Pierre Dupuis dit Saint-Pierre, venu de la Dordogne, qui conduisit Madeleine Renaud à l'autel, à Québec, en 1712 et Pierre Dupuis dit Saint-Michel, originaire de Bordeaux et qui, à Montréal, en 1713, unit sa destinée à celle de Marie-Anne Poirier. Chacun de ces trois couples eut des enfants.

Les Duquet: l'une de nos plus anciennes familles

Québec n'existait que depuis trente ans lorsque Denis Duquet, l'ancêtre de toutes nos familles Duquet et Duquette de vieille souche, fonda son foyer. On ne sait malheureusement pas d'où il était originaire et les registres de l'état civil ne mentionnent pas les noms de ses parents.

C'est dès le 13 mai 1638 qu'il se maria à Catherine Gauthier, fille de Philippe et de Marie Pichon. Il avait alors 26 ans si l'on se base sur l'âge que lui donne le recensement de 1667, soit 55 ans. L'acte de mariage le dit s'appeler Duquay: le missionnaire Claude Quentin, qui avait béni l'union, avait sans doute capté le patronyme au son, comme c'était souvent le cas. Ce mariage est le seizième inscrit dans les registres de Québec. Deux personnages importants de nos commencements y assistaient: Pierre Legardeur de Repentigny et Noël Juchereau des Châtelets.

Denis Duquet fut père de onze enfants dont six fils. Quatre de ceux-ci se marièrent à leur tour. Pierre, qui devint sieur de La Chesnaye, conduisit à l'autel, à Québec, en 1666, Anne Lamarre de La Barre, fille d'Adrien et de Marie Mercier, de la paroisse Saint-Sulpice, faubourg Saint-Germain-des-Prés (Paris). Nous y reviendrons, car il connut une carrière fort active. Il eut dix enfants, mais sept moururent en bas âge. Un fils, Jean, atteignit l'âge adulte, mais il ne semble pas s'être marié. Les deux autres enfants, des filles, fondèrent des familles: tout d'abord Anne, en 1695, avec le charpentier de navire Jean Thomas, originaire de Londres (8 enfants), puis Catherine-Angélique, en 1698, avec Jean-Baptiste Maranda dit La Tourette (sans postérité).

Le deuxième fils de Denis, Jean, qui était dit Desroches, épousa à Québec, en 1683, Catherine-Ursule Amiot, fille de Mathieu et d'Anne Miville, qui lui donna onze enfants dont quatre fils. L'aîné, Jean-Baptiste, choisit pour épouse, en 1710, Geneviève Halay, fille de Jean et de Marie Maranda et veuve de René Maheu (9 enfants tous nés à Lauzon); Charles, en 1719, au Bout-de-l'Île (Sainte-Anne-de-Bellevue), joignit sa destinée à celle de Catherine Mallet, fille de Louis et de Jeanne Brunet (7 enfants); Étienne s'établit à Laprairie, où il conduisit à l'autel, en 1722, Marie-Françoise Deniau, fille de Jacques et de Marie Rivet (14 enfants); Gabriel, à Lauzon, également en 1722, s'allia à Marguerite Halay, fille de Jean-Baptiste et de Marie Drapeau (5 enfants), puis, en 1737, à Marie-Madeleine Grondin, fille de Pierre et de Marie Fournier (3 enfants). Cinq des sept filles du couple Duquet/Amiot se marièrent à de jeunes hommes portant les patronymes Carrier, Guay, Jourdain, Halay et Rancourt.

Les deux autres fils de l'ancêtre Denis qui se marièrent furent moins prolifiques que leurs frères: Antoine, qui prit le surnom de Madry, épousa, en 1694, Marie Testard, fille de Charles et d'Anne Lamarque et veuve de Jean Dulignon, et n'eut que deux enfants; Joseph, qui fut sieur de La Bazinière, conduisit à l'autel, en 1702, Suzanne Choret, fille de Robert et de Marie-Madeleine Paradis, qui lui donna un seul fils.

Des cinq filles de l'ancêtre Denis, l'une, prénommée Agnès, prit le voile chez les Ursulines et trois fondèrent des foyers : Françoise en 1660 avec Jean Madry, Rosalie en 1677 avec Charles Amiot et Marie-Thérèse en 1686 avec Gabriel Duprat.

Le 3 novembre 1672 fut sans doute une date marquée d'une pierre blanche chez les Duquet. Ce jour-là, l'intendant Talon concédait deux seigneuries situées sur la rive sud du fleuve, près de celle de Tilly, l'une à Denis et l'autre à son fils aîné, Pierre.

Celui-ci possédait déjà une excellente réputation, car l'acte de concession reconnaissait que l'on avait pris en considération «les bons services qu'il a rendus à Sa Majesté en ce pays». Élève des Jésuites, il avait participé aux cérémonies religieuses en «assistant à la musique», pour citer une expression du *Journal des Jésuites.* Lorsqu'en 1658, le vicomte d'Argenson arriva pour y occuper les hautes fonctions de gouverneur, les élèves du séminaire l'accueillirent en lui présentant un drame joué en français, en huron et en algonquin. Pierre Duquet y personnifiait le Génie universel de la Nouvelle-France, et c'est lui qui fut le premier à saluer le personnage.

En octobre 1663, le notaire Audouart décidait de rentrer en France. Il vendit son greffe à Pierre Duquet, à qui le Conseil souverain accorda des lettres de provision de notaire royal «en la ville de Québec et ressort d'icelle». Il devint ainsi le premier notaire né dans la colonie.

Pierre Duquet occupa par la suite plusieurs postes : ceux de substitut du procureur général en la Prévôté de Québec, de juge civil et criminel du comté de Saint-Laurent (l'île d'Orléans), de juge seigneurial de Notre-Dame-des-Anges et d'Orsainville, etc. Il passa au-delà de 2 000 actes qui ont été presque tous conservés et que l'on peut consulter au moyen de microfilms aux Archives nationales du Québec. Il travailla pour ainsi dire jusqu'à la dernière minute : il parapha son dernier contrat le 23 septembre 1687 et décéda une vingtaine de jours plus tard.

D'autres personnages portant le patronyme de Duquet sont passés à l'histoire. Mentionnons le malheureux Joseph Duquet, qui entreprit lui aussi des études de notariat, mais qui n'eut pas l'occasion de les terminer : il fut au nombre des patriotes exécutés au lendemain de l'insurrection de 1837-38. Le bourreau dut s'y prendre à deux fois pour le pendre, sous les yeux horrifiés de la foule qui clamait : «Grâce, grâce!»

Citons aussi l'inventif Cyrille Duquet, qui dota d'horloges publiques le Parlement et l'hôtel de ville de Québec, de même que plusieurs églises. Il fut, dit-on, le premier à recourir à l'électricité pour actionner le mécanisme des horloges et il fabriqua, en 1868, une horloge dont chaque aiguille possédait son propre mécanisme, qui lui était incorporé! Peu auparavant, il avait conçu un appareil permettant à l'usager du téléphone de tenir dans la même main cornet et récepteur. Ainsi était né le combiné, dont Bell s'empressa d'acheter le brevet.

Rappelons également que les électeurs de Montréal se donnèrent un nouveau maire, en 1924, en la

Médaillon de bronze ornant la stèle funéraire de l'inventeur Cyrille Duquet, au cimetière Belmont, à Québec. C'est l'œuvre de son fils, Georges-Henry, peintre et sculpteur.

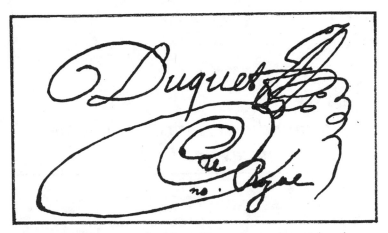

Cette signature avec paraphe, Pierre Duquet, le premier notaire né en Nouvelle-France, l'a apposée au bas de plus de 2 000 actes passés en son étude.

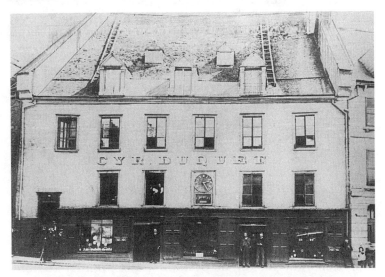

La première boutique de l'horloger Cyrille Duquet, à Québec. Elle se trouvait là où la côte de la Fabrique devient la rue Saint-Jean.

personne de Charles Duquette, qui fit mordre la poussière au fougueux Médéric Martin. C'est sous son administration que fut dressée la croix du mont Royal.

Normandie et Aunis, principales sources des Fournier

Le premier Fournier venu en Nouvelle-France, Guillaume, était originaire de Coulmer. C'est de nos jours une commune de l'arrondissement d'Argentan, en Normandie, et il ne faut pas la confondre avec celle de Coulimer, située près de Mortagne-au-Perche. Coulmer se trouve immédiatement au sud de Gacé, sur la N 138, qui conduit vers Sées et Alençon.

Le 20 novembre 1651, à Québec, Guillaume épousait Françoise Hébert, fille de Guillaume et d'Hélène Desportes. Françoise était la petite-fille de Louis Hébert, le premier colon établi à Québec. Le couple fut prolifique : quinze enfants. Devenue veuve, Françoise fut élue sage-femme de sa paroisse «à la pluralité des suffrages» rapporte le généalogiste René Jetté. Après avoir donné naissance à une aussi nombreuse famille, elle n'en était pas, en ce domaine, aux premiers balbutiements !

Les quatorze premiers enfants virent le jour à Québec, et l'autre, à Montmagny. Guillaume avait plus de 70 ans lorsqu'on lui concéda le fief de la Pointe-au-Foin, près de Montmagny. Il le vendit une douzaine d'années plus tard. Cinq de ses fils fondèrent à leur tour des foyers: Jean, en 1687, avec Marie Roy, fille de Nicolas et de Jeanne Lelièvre et veuve de Jean Gaudreau (10 enfants dont 5 fils); Simon, en 1691, avec Catherine Rousseau, fille de Thomas et de Madeleine Olivier (11 enfants dont 3 fils); Pierre, en 1695, avec Marie Isabel, fille de Michel et de Marie Jobidon (10 enfants dont 2 fils); Louis, en 1696, avec Marie Caron, fille de Pierre et de Marie Bernier (11 enfants dont 4 fils) et Charles, en 1699, avec Élisabeth Bouchard, fille de Nicolas et d'Anne Roy (13 enfants dont 8 fils). Les cinq frères Fournier donnèrent une quinzaine de petits-fils à leurs parents. Quant aux sœurs Fournier, elles s'allièrent à des pionniers dont les patronymes sont répandus: Blanchet, Proulx, Girard, Boulay et Laporte.

Un Parisien, Jacques Fournier, sieur de La Ville, contracta deux mariages, l'un aux Trois-Rivières et l'autre à Québec, en 1657 et 1663 respectivement. Le premier fut sans postérité et deux fils naquirent du second; Jean-Baptiste eut l'intendant Talon comme parrain et René-Louis embrassa la carrière militaire, mais on en sait peu à leur sujet.

Saluons maintenant Nicolas Fournier, fils de Hugues et de Jeanne Haguette, originaire de la paroisse Saint-Étienne de Marans, en Aunis. L'église où il a reçu le baptême est toujours debout, mais désaffectée. Elle se dresse au milieu du cimetière communal; il n'en reste cependant que les ruines du croisillon nord et son clocher, une tour octogonale refaite au XVe siècle. C'est la construction, au début du présent siècle, d'une nouvelle église néo-gothique, au centre de la ville, qui sonna le glas de l'ancienne. Marans se trouve sur la

N 137, à proximité du Marais Poitevin et à une vingtaine de kilomètres au nord-est de La Rochelle.

C'est comme domestique que Nicolas gagna tout
d'abord sa subsistance dans la région de Québec. Le 30
septembre 1670, il épousait une fille du roi, Marie Hubert, venue de la paroisse Saint-Sulpice, du faubourg
Saint-Germain-des-Prés (Paris). Le couple n'eut que
six enfants, dont trois fils, car Nicolas décéda en 1687,
après dix-sept années de ménage. Chacun des fils fonda
un foyer. L'aîné, Germain, qui était dit Michel, épousa
Marie-Catherine Bériau, fille de Vincent et de Marie
Cordeau. Lors du recensement de 1681, le couple Four-
nier/Hubert était établi au Bourg-Royal (Charlesbourg).
Il y mettait huit arpents en valeur et possédait trois
bêtes à cornes. Lorsque le père décéda, Germain n'avait
encore que 13 ans, mais c'est sans doute lui qui succéda
à son père, car c'est à Charlesbourg que furent baptisés
ses trois enfants. Malheureusement, Germain et Catherine décédèrent en février 1711, à une semaine d'intervalle.

Le deuxième des fils, Jean, conduisit à l'autel, en
1711, Marie-Madeleine Fradet, fille de Jean et de
Jeanne Hélie (7 enfants dont 3 fils), et Georges, qui
était dit Jacques, avait uni sa destinée, en 1708, à celle
de Marie-Françoise Blanchon, fille d'Étienne et de Marie-Françoise Cassé (12 enfants dont 8 fils). Ces deux
couples furent des pionniers de Beaumont: tous
leurs enfants y virent le jour.

En 1681, à Charlesbourg, le Bourguignon Claude
Fournier, originaire de Pouilly-en-Auxois, épousait
Jeanne Renaud, fille de Jacques et de Marie Charrier. Il

*La tour octogonale de l'église Saint-Étienne domine toujours le
cimetière de Marans. C'est ici que fut baptisé l'ancêtre Nicolas Fournier.*

Cette gravure ancienne nous montre des « fourniers » au travail. C'est ainsi que l'on désignait jadis les boulangers.

était tonnelier et décéda peu d'années après son mariage, laissant deux fils, dont l'un mourut en bas âge.

Antoine Fournier dit Préfontaine, un Picard, fonda ensuite un foyer en Nouvelle-France. En 1688, il épousait, à Boucherville, Marie Ronceray, fille de Jean et de Jeanne Servignan, puis, en 1696, à Montréal, Marie-Madeleine Auzou, fille de Jean et d'Isabelle Martin et veuve de René-Antoine de Lafaye. Adrien, né du premier mariage, épousa Catherine Bouteiller, à Longueuil, en 1715, et le généalogiste Tanguay lui attribue quinze enfants, dont quatre fils. On perd la trace d'Urbain-Joseph, issu de la seconde union.

Enfin, quelques années avant la fin du XVIIe siècle, un autre ancêtre, Pierre Fournier, sieur de Belleval, de la paroisse Saint-Victor, Orléans, fondait un foyer, en 1693, à Québec, avec Marie Ancelin (Asselin), fille de René et de Marie Juin et veuve de Pierre Rondeau, à qui elle avait donné quatre enfants. Neuf autres virent le jour de cette seconde union, dont sept filles. Pierre, né en 1701, épousa Thérèse de Saint-Ours, veuve du soldat Marc Lecané dit Brindamour et fille naturelle de Pierre de Saint-Ours, celui-ci étant le fils du chevalier Pierre de Saint-Ours, sieur de L'Échaillon, qui avait reçu la seigneurie de Saint-Ours en 1672. Il semble que Pierre Fournier, sieur de Belleval, soit la souche de nos familles Belleval et Belval, des descendants de l'ancêtre ayant préféré adopter le surnom comme patronyme.

Le patronyme Fournier découle du mot four; fournier et fournaire sont des noms de métier, et c'est ainsi que l'on désignait jadis le boulanger. Marie-Thérèse Morlet, dans son *Dictionnaire étymologique des noms de famille*, signale qu'il existe plusieurs variantes de ce patronyme: Fournié dans le Midi de la France, Fourniez dans le Nord et Fourney (forme latine). Les diminutifs sont nombreux: Fourneret, Fournerat, Fournerot, Fourneron, etc. En Normandie et au Poitou, le mot fournerie désignait le boulanger et l'action de faire le pain, et on référait souvent au boulanger par le surnom de Fournand.

Les Fréchette: de l'île de Ré
aux Olympiques de Barcelone

Au large de La Rochelle, l'île de Ré accueille chaque année de nombreux touristes, surtout depuis qu'un pont élégant la relie à la terre ferme. Ré-la-Blanche, ainsi qu'on la désigne à cause de la couleur dominante de ses maisons, compte bon nombre de petits ports voués surtout à la voile. Celui de Saint-Martin retient particulièrement l'attention, avec ses terrasses.

Il est venu de l'île de Ré en Nouvelle-France une centaine de pionniers et, depuis 1985, elle est jumelée à notre île d'Orléans. Au nombre de ces pionniers figure François Fréchet, originaire de Saint-Martin-de-Ré. Ce patronyme devait acquérir une syllabe muette au fil des générations, et même le poète Louis Fréchette, descendant direct de François, devait la conserver.

Lorsqu'on roule vers La Rochelle sur la N 11, on croise la N 257 juste avant d'aborder cette ville; prise sur la droite, elle conduit au pont, qui donne accès à la D 735. Celle-ci frôle la commune de La Flotte (6,50 km), puis celle de Saint-Martin (5 km).

Lorsqu'en 1627, le duc de Buckingham attaqua et occupa l'île pour appuyer les huguenots, l'église fut endommagée. Un incendie devait la dévaster en 1964, mais on l'a restaurée, et elle présente le même aspect qu'en 1627. D'imposantes ruines la dominent: il s'agit des murs de transept et de deux portails de style gothique flamboyant de l'ancienne église.

François Fréchet, un charpentier de navires, était fils d'Étienne et de Marie Belin. Il songea tout d'abord à épouser Catherine Méliot, veuve de Jean Routhier, qui était aussi originaire de l'île de Ré, mais le contrat fut annulé (1677), et c'est le 18 janvier 1680, à Sainte-Famille, île d'Orléans, qu'il fonda son foyer avec Anne Lereau, fille de Simon et de Suzanne Jarousseau. Le couple vécut tout d'abord à Sainte-Famille, puis se fixa à Saint-Nicolas, près de Lévis.

François et Anne eurent douze enfants dont sept fils. L'un décéda adolescent et un autre peu après son dixième anniversaire. Un troisième, Joseph, se fit prêtre chez les Récollets; on le trouva noyé en face de Verchères (1722). Trois des autres fils fondèrent des familles. L'archiviste Jean-Jacques Lefebvre (*Mémoires* de la Société généalogique canadienne-française, vol. XIX, p. 26) nous renseigne à leur sujet. L'aîné, prénommé François comme son père, épousa à Saint-Nicolas (1707) Marguerite Bergeron, fille d'André et de Marguerite Demers et nièce du curé de la paroisse; le couple eut treize enfants dont onze contractèrent mariage; François fut capitaine de milice à Saint-Nicolas, et l'un de ses fils, Étienne, exerça les mêmes fonctions lors de l'invasion des yankees, et il fut inhumé (1785) dans la crypte de l'église de Saint-Nicolas.

Le deuxième fils, Étienne, conduisit à l'autel (1710), à Québec, Marie-Anne Lavergne, fille de Louis et de Marie-Anne Simon et veuve du maître de chaloupe Jacques Morin dit Boucher. Le couple eut trois fils. L'aîné, Louis-Simon, contracta deux mariages, le premier (1739) avec Louise Constantin (6 enfants) et le second (1748) avec Louise-Josèphe Bazil (10 enfants). Nous ignorons si le deuxième des fils, Étienne, fonda un foyer. Quant au benjamin, Jean-Baptiste, il embrassa la prêtrise en 1742 et décéda à l'hôpital Général de Québec en 1774.

Un autre pionnier portant le même patronyme, Pierre, fils de Jean et de Jacquette Goyon, a fondé un foyer dans la colonie, sur la côte de Beaupré, le 9 novembre 1671, avec Charlotte Godin, fille d'Élie et d'Esther Ramage. Il était originaire du Poitou et avait signé un contrat d'engagement à La Rochelle en 1658. Il décéda prématurément en 1677, père de trois enfants, deux filles et un fils. Au sujet de ce dernier on ne sait rien d'autre que la date de son baptême (26 septembre 1672). Une troisième fille, posthume, devait voir le jour en septembre 1678.

Les deux pionniers dont nous avons évoqué la mémoire, François et Pierre, signaient *Frichet*. C'est d'ailleurs sous cette épellation que l'on trouve les origines du patronyme dans les dictionnaires étymologiques des noms de famille. Il est issu de «friche» (*fresche* en ancien français), provenant du mot néerlandais «versch», désignant un terrain non cultivé. Telle est l'origine des Frichet et des Frichot, de même que des Frichement que l'on rencontre en Normandie.

Pour conclure, mentionnons un autre fondateur de lignée, lui aussi d'origine poitevine et qui fut meunier à Charlesbourg, Jacques Fréchet, fils de Jacques et de

Endommagée par un incendie en 1964, l'église de Saint-Martin-de-Ré a été restaurée; elle présente le même aspect que l'année du baptême du pionnier François Fréchet.

*On a conservé les imposantes ruines de l'ancienne église de
Saint-Martin-de-Ré, dont ce portail de style gothique flamboyant.*

Louise Gaye. Le père était soldat dans la compagnie des canonniers du roi.

Originaire de Saint-Hilaire, évêché de Luçon, Jacques épousa à Charlesbourg, le 11 janvier 1706, Marie-Françoise Sarrazin, fille de Nicolas et de Marie-Catherine Blondeau. Le couple eut neuf enfants, tous nés à Charlesbourg.

Deux des trois fils se marièrent à leur tour. Jacques-Pierre épousa, en 1737, Marie-Jeanne Falardeau, fille de Guillaume et de Jeanne Renaud (11 enfants dont 5 fils); il contracta une seconde union, en 1775, avec Marie Chalifour, fille de Pierre et de Geneviève Allard et veuve de Joseph Maillou (sans postérité). En 1741, Étienne conduisit à l'autel Marie-Anne Guillot, fille de Jean et de Marie-Anne Legris (15 enfants dont 10 fils; plusieurs décédèrent en bas âge).

Trois des six filles fondèrent des foyers: Marie en 1731 avec Jean-Baptiste Tapin (9 enfants dont 3 fils), Angélique-Élisabeth en 1736 avec Jean Paquet, veuf de Marie-Madeleine Loisel (7 enfants dont 4 fils) et Marie-Charlotte en 1743 avec André Chandonné (nous ignorons s'il y eut progéniture).

De tous les Fréchette du passé, c'est sans doute le premier Québécois lauréat de l'Académie française dont le souvenir demeure le plus vivace. Louis Fréchette, auteur de *La Légende d'un Peuple*, se distingua auprès de l'aréopage des académiciens en 1880 par ses *Fleurs boréales* et ses *Oiseaux de neige*.

Plus près de nous, deux Québécoises ont illustré ce patronyme. En 1992, Louise Fréchette devenait la première femme à représenter le Canada aux Nations Unies et en 1993, Sylvie Fréchette qui, deux ans plus tôt, en Australie, avait remporté les honneurs d'une épreuve solo de nage synchronisée, gagnait une médaille d'or aux Jeux olympiques de Barcelone.

Les Gauthier: une quinzaine de souches dès le XVIIe siècle

Ne nous étonnons pas de ce qu'il y ait tant de Gauthier en Amérique du Nord: non seulement une quinzaine de pionniers portant ce patronyme ont fondé des familles en Nouvelle-France au cours du XVIIe siècle, mais une demi-douzaine d'entre eux ont été pères de plus de dix enfants, l'ancêtre Mathurin, originaire de Bretagne, en ayant lui-même porté seize au baptême!

Vu l'abondance de la matière, nous vous présenterons ces bâtisseurs de lignées en deux chapitres.

C'est un fils de Parisien, Guillaume Gauthier, sieur de La Chesnaye, qui fut le premier du nom à contracter une union. Fils de Philippe et de Marie Pichon, il franchit l'Atlantique avec sa mère, un frère et une sœur. En 1648, à Québec, il épousait Esther de Lambourg, originaire d'Épernon, qui lui donna six enfants. Hélas, l'aînée périt peu avant l'âge de trois ans dans l'incendie de la chaumière familiale. Une autre fille unit sa destinée à celle du marchand Guillaume Féniou. Des quatre fils, l'un décéda en très bas âge, un autre se fit prêtre et l'on ne sait ce qu'il advint des deux autres.

Le frère de Guillaume, Charles, qui prit le surnom de Boisverdun, conduisit à l'autel, à Québec, en 1656, Catherine Camus, fille de Hector et de Jacquette Mondy, originaire de la région de La Rochelle. Le couple eut huit enfants, mais un seul fils, Louis-Bernard, qui ne semble pas avoir eu de postérité.

On ne saurait en dire autant de Joseph-Élie Gauthier, un Poitevin, qui présenta douze enfants au baptême. Originaire de Celles-sur-Belle, les dictionnaires généalogiques ne précisent pas la date de son baptême, mais ce renseignement nous a été transmis par M. Marcel Gauthier, un membre de la Société généalogique canadienne-française, à qui un collègue, M. Olivier Bilodeau, avait fait part de ses recherches dans le *Livre de Baptesmes* conservé à la mairie : l'acte s'y trouve à la date du 11 octobre 1643. Fils de Samuel et de Hilaire Gourlatier, il avait tout près de 20 ans lorsqu'en 1663, au Château-Richer, il épousa Marguerite Moitié, fille de Jacques et de Françoise Langevin. Il avait signé un autre contrat de mariage, mais l'entente avait été annulée trois ans plus tôt.

C'est sur une terre de Sainte-Famille, île d'Orléans, que le couple s'établit. De ses cinq fils, au moins deux contractèrent mariage : Jacques, en 1704, avec Marie Tourneroche, fille de Robert et de Marie Targer (10 enfants dont 7 fils, presque tous nés à Boucherville), et André, en 1712, avec Catherine Tournois (12 enfants dont 7 fils, nés aussi pour la plupart à Boucherville et dans la région). Les filles s'allièrent à de jeunes hommes nommés Dubreuil, Greffard, Charland, Auger et Vermet.

Le patronyme de René Gauthier, sieur de Varennes, allait passer à l'histoire grâce à un de ses fils, le célèbre Pierre Gauthier de Varennes, sieur de La Vérendrye, le premier explorateur blanc à atteindre par terre les contreforts des Rocheuses.

En 1667, aux Trois-Rivières, René Gauthier épousait Marie Boucher, fille de Pierre Boucher, que l'on surnomma le *Patriarche de la Nouvelle-France*, et de Jeanne Crevier. Le couple eut douze enfants dont sept fils, tous nés aux Trois-Rivières. Au moins deux des fils fondèrent des familles : Jacques-René, en 1712, avec Jeanne LeMoyne, fille de Jacques et de Jeanne de Carion (9 enfants dont 3 fils), et Pierre, qui n'était pas seulement sieur de La Vérendrye, mais aussi de Boumois, la même année, avec Marie-Jeanne Dandonneau, fille de Louis et de Jeanne-Marguerite Lenoir (7 enfants dont 4 fils). Notons que Jacques LeMoyne était l'un des célèbres frères qui devaient se mériter le titre de *Maccabées de la Nouvelle-France*. Trois des filles se marièrent : Madeleine à Charles Petit, Marie-Marguerite à Louis Hingue et Marie-Renée à Christophe Dufrost, sieur de LaJemmerais. La fille aînée de ce dernier couple, Marie-Marguerite, allait devenir Mère d'Youville, fondatrice des Sœurs Grises.

C'est un Saintongeais, Pierre Gauthier dit Saguingoira, fils de Jacques et de Marie Boucher, qui fonda ensuite une famille, à Montréal, en 1668, avec Charlotte Roussel, fille de Thomas et de Barbe Poisson. Charlotte donna huit enfants dont six fils à son mari. Hélas, les Iroquois la capturèrent lors du massacre de Lachine, en 1689, et l'on estime qu'elle est morte en captivité. Au moins quatre des fils se marièrent : Jean, en 1702, avec une Amérindienne, Marie-Suzanne Capciouékoué (3 enfants nés à Kaskaskia, aux Illinois); Joseph, en 1699, avec Clémence Jarry (un fils), puis, en

1718, avec Marie Fortier (8 enfants nés à Lachine);
Jean-Baptiste, en 1712, avec Marguerite Prézeau (5 enfants nés à Pointe-Claire) et François, en 1716, avec
Françoise Lecomte (3 enfants nés à Lachine). Chose
étonnante, le généalogiste René Jetté, de qui nous
empruntons ces renseignements, signale que deux enfants du couple Gauthier/Fortier naquirent les 30 mai et
16 novembre de la même année. Était-ce un cas de
superfétation, un phénomène dont la réalité, dit-on, n'a
pas été confirmée scientifiquement?

Puis nous vint du Poitou un cordonnier qui s'établit à l'île d'Orléans, René Gauthier dit Larose. En
1669, à Sainte-Famille, il conduisait à l'autel une fille
du roi, Renée Labastille dite Martin, fille de Martin et
d'Anne Rubufez, de la paroisse de Saint-Séverin, à
Paris. Le père avait été écuyer au service du roi. Renée
avait tout d'abord signé un contrat de mariage avec

*Vue aérienne de Celles-sur-Belle. Le clocher de l'ancienne abbaye
domine la commune. C'est la petite patrie de l'ancêtre Joseph-Élie
Gauthier.*

L'église abbatiale de Celles-sur-Belle contient des vestiges de l'ancienne église Saint-Hilaire où fut probablement baptisé Joseph-Élie Gauthier.

Pierre Rollandeau, mais il fut annulé. Lorsqu'elle épousa René Gauthier, elle était enceinte d'un fils qui naquit trois mois plus tard. Le couple Gauthier/Labastille eut douze enfants dont quatre fils, mais aucun de ceux-ci ne semble s'être marié.

Terminons ce premier volet en évoquant la mémoire d'un autre couple qui n'a sans doute pas contribué à répandre le patronyme. En 1669, à Québec, Mathurin Gauthier, originaire de Bourgneuf, près de La Rochelle, fils de Jean et de Louise Barbotine, épousait Anne Giraud, elle aussi fille du roi. Elle était arrivée la même année. Le couple s'établit à Québec et eut six enfants dont trois fils à qui on ne connaît aucune progéniture. Les trois filles, cependant, fondèrent des foyers : Jeanne en 1696 avec Étienne Chevalier, Anne en 1699 avec Jean Loiseau et Marie-Louise en 1707 avec Jean Casse.

Notre prochain volet s'ouvrira sur un deuxième Mathurin Gauthier, un ancêtre breton qui fut père de dix-sept enfants.

L'ancêtre Mathurin Gauthier : cent fois grand-père!

Le Breton Mathurin Gauthier fut le plus prolifique des ancêtres de ce nom qui ont fondé des foyers en Nouvelle-France au XVIIe siècle. Originaire de Legé, une commune du département de Loire-Atlantique, non loin de Nantes, il était fils de Pierre et d'Anne Lemaistre. Vers 1671, il épousa, dans l'île Sainte-Thérèse, une jeune fille d'origine inconnue, Nicole Philippeau, une fille du roi, et c'est là que le couple s'établit.

L'île Sainte-Thérèse est située dans le Saint-Laurent, en face de Boucherville et de Varennes. Dès 1681, près d'une vingtaine de ménages s'y trouvaient, et c'est là que naquirent les dix-sept enfants du couple, que la mortalité enfantine épargna, car cinq de leurs fils et huit de leurs filles devaient à leur tour fonder des foyers. Les colons y bénéficiaient d'une certaine sécurité, car il y existait un fort construit en 1665 par les soldats du régiment de Carignan. En 1672, l'île avait été concédée à Michel-Sidrac Dugué de Boisbriand, dont Mathurin Gauthier fut l'un des premiers censitaires.

L'un des cinq fils mariés, Lambert, n'eut pas de progéniture, mais les quatre autres eurent une quarantaine d'enfants. Louis contracta deux unions : l'une en 1701 avec Marguerite Ménard (8 enfants) et l'autre en 1717 avec Marie-Marguerite Benoît (5 enfants). Charles, qui épousa Barbe Gournay, également en 1701, éleva une nombreuse famille (14 enfants). En 1718, Pierre conduisit Marie-Anne Prévost à l'autel (8 enfants), et en 1720, Jean unit sa destinée à celle de Thérèse Moreau (5 enfants). Les filles contractèrent des alliances avec des colons portant les patronymes de Chaput, Millet, Raynaud, Langlois, Cusson, Vaillant et Janson. Elles eurent une soixantaine d'enfants. C'est donc une centaine de petits-fils et de petites-filles qu'eut le couple Gauthier/Philippeau !

En 1671, aux Trois-Rivières, Jean Gauthier, originaire de Saintes, épousait Jeanne Petit, fille de Nicolas et de Marie Pomponelle. Ce fut un autre couple fort prolifique : quatorze enfants dont cinq fils, les onze derniers nés à Varennes. Au moins deux des fils se marièrent à leur tour : Jean en 1704 avec Angélique Gentès et Jacques en 1721 avec Cunégonde Prudhomme. Quant aux filles, elles s'allièrent à des colons nommés Lussier, Gatien, Malard, Martin et Brodeur.

En 1672, à Sillery, le Rouennais Jacques Gauthier unissait sa destinée à celle d'Élisabeth-Ursule Denevers et, en 1703, il contractait une deuxième union avec Françoise-Marguerite Lambert, veuve de Michel Chatel. Douze enfants naquirent de ces mariages, dont six fils, qui fondèrent à leur tour des foyers : François en 1701 avec Élisabeth-Ursule Hamel, Joseph en 1709 avec Marie-Catherine Hamel (sœur de la précédente), Augustin en 1713 avec Marie-Josèphe Jouet, Jean-Baptiste en 1714 avec Catherine Lemay, Étienne en 1717 avec Anne Celle et Jacques en 1728 avec Catherine Choquet. Trois des filles épousèrent des colons nommés Hamel, Lussier, Loiseau.

Si le pionnier suivant avait eu une famille proportionnelle à l'importance du rôle qu'il joua dans la colonie, il compterait de nos jours une multitude de descendants. Philippe Gauthier, sieur de Comporté, originaire du Poitou, arriva à Québec en 1665 avec le grade de lieutenant dans une compagnie du régiment de Carignan. Il devait par la suite occuper des postes prestigieux, tels que prévôt de la Maréchaussée et commissaire intérimaire des troupes de la Marine. Il fut également propriétaire de seigneuries. En 1672, il conduisit à l'autel la Rouennaise Marie Bazire, qui devait lui donner onze enfants. Deux des cinq fils moururent jeunes et trois ne semblent pas s'être mariés. Deux des six filles décédèrent en bas âge, deux prirent le voile et les autres se marièrent: Angélique en 1696 avec Denis Riverin, ancien secrétaire de l'intendant Duchesneau, et Marie-Anne en 1700 avec Alexandre Peuvret de Gaudarville, ancien secrétaire adjoint de l'intendant de Meulles.

En 1675, à Québec, le taillandier Jean Gauthier dit Larouche épousait Angélique Lefebvre, fille de Louis et de Suzanne de Bure. Il était originaire d'Échillais, un peu au sud de Rochefort. Sept enfants naquirent de cette union, dont cinq fils. Deux de ceux-ci se marièrent: François en 1696 avec Louise Augran (10 enfants) puis en 1716 avec Marie Marchand (4 enfants), et Claude en 1714 avec Françoise Gagné (8 enfants). Deux des filles, Catherine-Angélique et Geneviève, épousèrent respectivement Pierre Samson et Michel Cadet.

L'église d'Échillais, un peu au sud de Rochefort, où fut baptisé l'ancêtre Jean Gauthier dit Larouche. Il est possible que Pierre Gauthier dit Saguingoira ait aussi été originaire d'Échillais.

Trois autres ancêtres fondèrent des foyers dans la colonie avant la fin du XVIIᵉ siècle.

Tout d'abord, Germain Gauthier dit Saint-Germain, soldat de la compagnie de Saint-Ours du régiment de Carignan, originaire de la Normandie, qui en 1677 jeta son dévolu à la Pointe-aux-Trembles (île de Montréal) sur Jeanne Beauchamp, fille de Jacques et de Marie Dardenne: onze enfants, les premiers nés à Repentigny et les autres, à Boucherville. Quatre fils fondèrent des foyers: Jean en 1708 avec Marie Storer (faite prisonnière en Nouvelle-Angleterre en même temps que deux cousines), Pierre en 1707 avec Marie-Anne Tessier, François en 1718 avec Marie-Madeleine Tessier et Jacques en 1721 avec Marie-Louise Tessier (sœur de Marie-Madeleine). Trois des filles s'allièrent à de jeunes hommes nommés Payet, Pinard et Botquin.

C'est un Bordelais qui fonda ensuite un foyer, à Beauport, en 1685 : Jean Gauthier y conduisait à l'autel Marie Guyon, fille de François et de Marie-Madeleine Marsolet. C'était un militaire, un sergent de la compagnie de Crisafy. Le couple eut douze enfants, dont deux fils. Les dictionnaires généalogiques ne mentionnent pas qu'ils se soient mariés. Cinq des filles choisirent des maris portant les patronymes de Chancelier, Brunet, Carretot, Soupiran et Trefflé.

Enfin, terminons notre énumération avec un Poitevin, Jacques Gauthier dit Sanscartier, un autre soldat, qui appartenait à la compagnie de Vaudreuil. En 1699, à Québec, il épousait Agathe Faye, fille de Pierre et de Marie-Chauvet. Le couple se fixa au Cap-Saint-Ignace,

Les Le Gardeur de Tilly ont leur chapelle funéraire au cimetière d'Échillais. Ici repose le contre-amiral Armand Le Gardeur de Tilly, chevalier de Saint-Louis, fils de Jean-Baptiste de la Motte-Tilly, capitaine de port à Rochefort, qui, en 1724, avait épousé à Montréal Anne-Geneviève Rocbert de La Morandière, sœur de la femme de l'intendant Bégon.

où naquirent tous ses enfants, sauf le premier. Au moins quatre fils fondèrent des foyers: Ignace en 1733 avec Élisabeth Chandelier, Pierre en 1738 avec Marie-Françoise Bilodeau, Simon-Pierre en 1745 avec Anne Thiboutot et Antoine en 1755, avec Marie-Josèphe Daniel.

Et voilà. On comprend que les Gauthier occupent près d'une quarantaine de colonnes dans l'annuaire téléphonique de Montréal et de la région!

Chez les Girard, un ancêtre venu de Hollande

Nos familles Girard sont d'origines diverses. Au moins huit pionniers de ce nom ont fondé des familles en Nouvelle-France, mais trois d'entre eux n'ont pas eu de descendance pour perpétuer le patronyme. Nous nous en tiendrons donc aux cinq autres.

C'est tout d'abord Joachim Girard, originaire de la paroisse Saint-Cyr du Vaudreuil, non loin de Rouen, fils de Michel et de Françoise Anceaume, qui fonda un foyer, à Québec, le 27 septembre 1660, avec Marie Halay, fille de Jean-Baptiste et de Mathurine Valet. Au mois de janvier précédent, Marie-Madeleine Legardeur de Repentigny, épouse de Jean-Paul Godefroy, avait concédé au jeune homme une terre de deux arpents de front sur quinze de profondeur, donnant sur la côte Sainte-Geneviève, à Québec.

Jusque là, Joachim avait été à l'emploi de son oncle, Jean Jobin. Le couple devait avoir sept enfants. Lors du recensement de 1667, cinq avaient déjà vu le jour, mais une fillette était décédée. Joachim cultive dix arpents et possède deux bêtes à cornes. Deux autres enfants naîtront, mais le colon perd son épouse. Est-ce ce deuil qui l'amène à vendre sa terre en 1672 et à se fixer sur une autre au village de Saint-Bernard, à Charlesbourg? En tout cas, c'est dans cette dernière paroisse qu'il contracte une seconde union, en 1676, avec Jeanne Chalut, fille de Pierre et de Marie Bonin et veuve de Nicolas Hévé, qui lui donnera neuf enfants.

Quatre fils, deux de chaque mariage, fondèrent à leur tour des foyers: Jacques en 1687 avec Mathurine Poiré, Antoine, la même année, avec Agnès Trottier, Joachim en 1708 avec Marie-Louise Lefebvre et Jean-Baptiste en 1715 avec Madeleine Aumier. Par leurs alliances, les filles contribuèrent à répandre des patronymes fort populaire, notamment ceux des Fournier, Lemay, Lefebvre et Laporte.

En 1681, le chef de famille est toujours sur sa terre de Charlesbourg où il cultive dix arpents et possède quatre bêtes à cornes. On n'a malheureusement pas retrouvé son acte de sépulture, mais on sait qu'il décéda entre 1708 et 1712.

L'église du Vaudreuil est fort intéressante, avec son portail de style roman à doubles colonnes. Le Vaudreuil est situé dans une boucle de la Seine, à une vingtaine de kilomètres au sud-est de Rouen et sur les bords de l'Eure. La N 15 frôle la commune qui forme, avec celles de Val-de-Reuil et de Léry, un grand triangle dans lequel a été aménagée une ville nouvelle à l'intention des Rouennais.

En 1666, les recenseurs notent la présence d'un certain Pierre Girard, qui est à l'emploi des Jésuites à Québec. Sans doute a-t-il laissé une dulcinée en quittant la France, car trois ans plus tard, il épouse une veuve, Suzanne Lavoie, à La Rochelle. Peut-être l'a-t-il connue à la faveur d'un voyage car, en 1669, il était marinier. Fils d'un laboureur, Étienne Girard, et de Marguerite Giboulleau, il était originaire des Sables-d'Olonne, au Poitou, un bourg qui allait devenir l'importante station touristique et balnéaire de l'actuelle Vendée, avec sa plage de trois kilomètres sur l'Atlantique.

Pierre allait faire preuve d'atavisme en devenant lui aussi défricheur. Après la naissance de ses deux premiers enfants à Québec, le couple se fixa dans la seigneurie de Maur (aujourd'hui Saint-Augustin-de-Desmaures), et c'est là, de même qu'à Neuville, que six autres enfants virent le jour. Trois des fils devaient fonder des foyers : François en 1709 avec Antoinette Lemay, Jean-Pierre en 1710 avec Angélique Huard et Pierre-Louis en 1711 avec Rosalie Tremblay.

Un autre Pierre, fils de René et de Marie Bosnarde, originaire de Bures, évêché de Sées, en Normandie, fut le père de deux familles à Varennes. Il épousa tout d'abord, vers 1681, à Repentigny, Françoise Gratiot, fille de Jacques et de Madeleine Michelande, qui lui donna cinq enfants dont trois moururent à leur naissance. D'un second mariage, avec Marguerite Bouchard, fille de Claude et de Marguerite Bénard, Pierre Girard eut sept enfants, dont quatre ne survécurent pas. Un fils de la première union et deux de la seconde devaient se marier : Jacques en 1710 avec Françoise Petit, Pierre en 1723 avec Marie-Thérèse Tétreau et Jean-Baptiste en 1726 avec Marguerite Choquet.

Évoquons maintenant la mémoire d'un Saintongeais, Léon Girard, d'Aujac, non loin de Saint-Jean-d'Angély. Fils de Jean et de Marie Martin, il épousa à Lachine, en 1688, Clémence Beaune, fille de Jean et de

Marie-Madeleine Bourgery. Le couple eut huit enfants, tous nés à Lachine. Les fils n'eurent pas de descendance mâle. Quatre des filles épousèrent des colons qui portaient les patronymes de Quesnel, Valois, Brunet et Cécire.

En 1704, Léon Girard perdait sa femme, victime de léthargie et d'apoplexie. L'année suivante, il contracta une seconde union, qui demeura sans postérité. Il était capitaine de milice.

Terminons ces rappels avec un matelot d'origine... hollandaise, Jean Girard, qui était de Haarlem, non loin d'Amsterdam. Il avait tout d'abord conté fleurette à une veuve, mais le contrat de mariage fut annulé. Il jeta alors son dévolu sur Dorothée Rancin, fille de Charles et de Françoise Conflans, qu'il épousa à Québec en

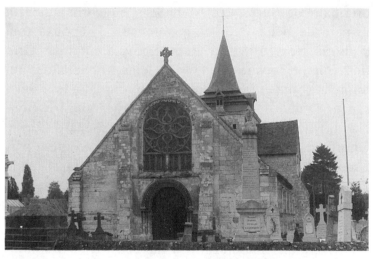

L'église Saint-Cyr du Vaudreuil est intéressante à visiter, avec son portail roman à doubles colonnes. C'était la paroisse de la famille de Joachim Girard, le premier pionnier de ce nom à fonder un foyer en Nouvelle-France.

Tout près de la cathédrale de Sées, on peut voir une ancienne chanoinerie qui a été restaurée avec soin. C'est de l'évêché de Sées que nous vint Pierre Girard, qui fonda un foyer à Repentigny en 1681. Cette chanoinerie était le cloître du chapitre de la cathédrale.

1694. Le couple eut six enfants, dont trois fils; deux de ceux-ci se marièrent: François en 1722 avec Marie-Renée Lachaîne et Louis en 1727 avec Catherine Rouillard. Devenu veuf en décembre 1702, Jean, au mois d'avril suivant, conduisit à l'autel, à Charlesbourg, Marie-Catherine Bourret, fille de Gilles et de Marie Bellehache, qui fut mère de neuf enfants dont deux fils: Jean, qui épousa Geneviève Delage en 1742 et Joseph-Marie qui choisit pour compagne, en 1747, Marie-Angélique Dasylva, la fille de Pedro, notre premier facteur.

Les quatre fils prénommés François, Louis, Jean et Joseph-Marie eurent ensemble une quarantaine d'enfants dont près d'une trentaine de fils. Même si plusieurs ne vécurent pas assez longtemps pour fonder des foyers, on devine que plusieurs de nos Girard descendent de ce matelot venu des Pays-Bas.

Les Girard ont donné beaucoup de leurs enfants à l'Église. Dans les *Mémoires* de la Société généalogique canadienne-française (vol. XII, p. 171), on signale qu'à elle seule la famille de Jean-Baptiste Girard (descendant à la cinquième génération de l'ancêtre Joachim) et de Françoise Maranda, son épouse, comptait parmi ses descendants, en 1959, quinze prêtres, deux séminaristes, cinq frères et soixante-cinq religieuses !

Chez les Godin, un couple d'une remarquable fécondité

Les quatre pionniers de ce nom qui ont élevé des familles en Nouvelle-France au cours du XVIIᵉ siècle épelaient leur patronyme *Gaudin*. Certains de nos concitoyens ont retenu la forme originelle, mais la très grande majorité signe *Godin*, de sorte que nous nous en tiendrons à cette transcription phonétique. Le patronyme provient d'un ancien nom de baptême d'origine germanique formé de deux mots signifiant *dieu* et *bon*.

Le premier des colons mentionnés plus haut se prénommait Barthélemy et était tonnelier. Lors du recensement de 1667, lui et son épouse, Marthe Coignat, vivaient sur une terre de la côte Saint-Ignace, près de Québec. Le couple eut quatre enfants dont trois filles; quant au fils, Jean, né en 1650, il habitait avec ses parents en 1667, mais on perd ensuite sa trace.

Le 22 mars 1639, au temple calviniste de La Rochelle, Élie Godin, originaire de Saintonge, épousait Esther Ramage, qui était Rochelaise. Mais les protestants pouvaient difficilement se tailler une place au soleil en Nouvelle-France. Les époux se firent catholiques et Mgr François de Laval leur administra la confirmation en 1660, au Château-Richer. Le couple avait traversé l'Atlantique avec deux enfants : Anne devait se marier avec René Lavoie en 1656 et Pierre décéda à l'âge de 23 ans, apparemment célibataire. Deux autres virent le jour dans la colonie : Charlotte, qui choisit pour compagnon de vie en 1671 Pierre Fréchet, et Jacques, dont les généalogistes n'ont pas retrouvé la trace.

Nous avons déjà évoqué la mémoire de quelques-uns des pionniers qui ont été recrutés par Jérôme Le Royer de La Dauversière et le sieur de Maisonneuve afin de sauver Ville-Marie de la menace iroquoise. Ils étaient au nombre d'une centaine et arrivèrent en 1653. Pierre Godin dit Châtillon était de leur nombre. Fils de Claude et de Marie Bardin, il était originaire de Savolles, non loin de Dijon. Il était maître charpentier et on lui avait promis par contrat des gages de cent livres par année.

Dès l'année suivante, le 2 février, le sieur de Maisonneuve lui concède une terre de 30 arpents. Le 13 octobre, le pionnier conduit à l'autel Jeanne Rousselier, fille de Louis et d'Isabelle Parisé, une Saintongeaise. En 1655, il achète une maison construite sur un terrain d'un arpent : les colons mettaient leur terre en valeur le jour, mais venaient passer la nuit dans le bourg pour se soustraire aux incursions iroquoises. La menace était telle que le sieur de Maisonneuve institua une milice en 1663 ; Pierre Godin s'enrôla dans la dix-neuvième escouade.

Chose étonnante, les recenseurs notent la présence en 1666 de la famille dans la seigneurie de Notre-Dame-des-Anges, près de Québec. Pourquoi le colon a-t-il momentanément quitté Ville-Marie ? Nous l'ignorons. Peut-être a-t-il choisi de pratiquer son métier plutôt que de cultiver le sol? C'est à Québec que seront baptisés les sixième et septième enfants. Lors de la naissance du huitième, la famille est revenue à Montréal.

Le couple eut neuf enfants dont quatre fils et au moins trois de ceux-ci fondèrent des foyers: Laurent, qui était dit Châtillon et Beauséjour, en 1675 avec Anne Guérin, fille de François et d'Anne Blanchard; Pierre, en 1689, avec Jeanne Cauchon, fille de Jacques et de Barbe-Delphine Tardif; et Gabriel, qui était dit Bellefontaine, en 1690, avec Andrée-Angélique Jeanne, fille de Robert et de Françoise Savard.

Après la naissance de tous les enfants, la famille de Pierre Godin s'établit en Acadie. C'est là d'ailleurs qu'habitaient les trois fils mentionnés plus haut lors de leur mariage.

Mais le plus prolifique des Godin venu en Nouvelle-France fut sans doute Charles, fils de Jacques et de Marguerite Nieule. Il était originaire d'Aubermesnil-Beaumais, une petite commune de l'arrondissement de Dieppe. La D 915, qui conduit à Dieppe, la frôle à moins de dix kilomètres de cette ville.

Le 6 novembre 1656, Charles Godin épousait Marie Boucher, fille de Marin et de Perrine Mallet. La même année, le colon avait reçu une concession de deux arpents et demi de front à L'Ange-Gardien. Le couple devait y élever dix-sept enfants, dont seize fondèrent à leur tour des foyers, soit cinq fils et onze filles! Même le premier enfant, François, atteignit l'âge adulte, étant décédé à 24 ans. Famille exceptionnelle que la mortalité infantile n'a pas décimée!

Des cinq fils qui se marièrent, Charles fut le premier, en 1689, avec Madeleine Perron, fille de Daniel et de Louise Gargottin (11 enfants dont 6 fils); il contracta une seconde union, en 1736, avec Ursule Laisdon dite Champagne, fille de Jean et de Louise Côté et veuve de Pierre Baret (un fils). En 1704, Pierre épousa Anne Mathieu, fille de Jean et d'Anne Letartre (sans postérité), puis Catherine Pellerin (10 enfants dont 5 fils). L'année suivante, Jean-François conduisait à l'autel Geneviève Lefrançois, fille de Charles et de Marie-Anne Triot (13 enfants dont 9 fils); il devait contracter deux autres unions, mais celles-ci, semble-t-il, demeurèrent sans postérité.

L'église d'Aubermesnil-Beaumais dresse son clocher dans un décor bucolique. C'était celle de la famille du pionnier Charles Godin.

Les chapelles de procession de L'Ange-Gardien témoignent de la foi des générations passées. Celle-ci, dite des Laberge, s'orne d'un clocher à pinacles et d'un clocheton. Charles Godin se fixa à L'Ange-Gardien dès l'année 1656.

En 1706, Alexis choisissait pour compagne Madeleine Jacob, fille d'Étienne et de Jeanne Fresnel (12 enfants dont 2 fils). Enfin, en 1712, Antoine s'alliait à la même famille en épousant Catherine Jacob, la sœur de Madeleine (8 enfants dont 6 fils). À eux seuls les cinq fils du couple Godin/Boucher donnèrent à celui-ci plus d'une cinquantaine de petits-enfants, dont près d'une trentaine de petits-fils.

Voyons maintenant à quelles familles s'allièrent les onze filles: Marie en 1682 convola avec Louis Goulet; Marguerite en 1687 avec Guillaume Tardif; Geneviève en 1689 avec François Gariépy; Ursule, la même année, avec Denis Quentin; Catherine en 1694 avec Pierre Dumesnil; Anne en 1698 avec Jean Perron; Madeleine, la même année, avec Jacques Desnoux; Angélique, encore la même année, avec Jacques Amelot dit Sanspeur; Françoise en 1704 avec Martin Pagé; Louise en 1705 avec Charles Vézina; et Charlotte en 1717 avec Vincent Guillot. Ces onze couples portèrent au baptême trente-cinq fils et quarante-trois filles.

Lorsque Jacques Godin et Marguerite Nieule décédèrent, ils allaient survivre dans le souvenir d'un nombre remarquable de descendants: leurs enfants leur donnèrent au-delà d'une soixantaine de petits-fils et autant de petites-filles. Ils avaient bien mérité de la patrie!

À *Neuville, un baldaquin qu'admira la lignée des Hardy*

Le patrimoine artistique qui ornait nos églises anciennes a hélas été largement dilapidé, souvent afin de remplacer les *vieilleries* par du tape-à-l'œil moderne. Fort heureusement, bon nombre de pièces ont échappé à la convoitise des revendeurs. L'une des plus précieuses se trouve dans le sanctuaire de l'église de Neuville, la petite patrie de nos Hardy, charmante municipalité située en amont de Québec, sur la rive gauche du Saint-Laurent.

Il s'agit d'un remarquable baldaquin qui date de la fin du XVIIe siècle, que le deuxième évêque de Québec, Mgr de Saint-Vallier, aurait commandé pour la chapelle de son palais épiscopal. En 1717, l'évêque, pour lutter contre la disette dont souffraient les pauvres, en fit don aux paroissiens de Neuville en échange de blé. On dit que ce baldaquin constitue le plus important ensemble sculpté datant du régime français.

L'ancêtre Jean Hardy ne vit pas cette œuvre d'art dans l'église de Neuville, puisqu'il décéda en 1715, mais il est certain que ses enfants eurent l'occasion de l'admirer pendant de nombreuses années.

Jean Hardy, fils de Pierre et d'Isabelle Mihou, était originaire de la paroisse Saint-François, au Havre, en Normandie. L'église où il a reçu le baptême est l'un des rares monuments qui aient été épargnés lorsque les bombardements ont presque complètement rasé la ville lors de la guerre de 1939-45.

C'est François Ier qui en décida la construction en 1542, en l'honneur de son saint patron. Le portail aux trois ordres grecs, surmonté d'un petit corps carré, donne au bâtiment une façade plutôt froide. C'est une construction de style Renaissance, mais présentant aussi des caractères de la plus haute antiquité. On croit que l'ingénieur italien Hieronimo Bellarmato traça le plan du sanctuaire. Ceux qui visitent les églises anciennes de France reconnaîtront que celle-ci, par son architecture, se démarque nettement des autres.

Jean Hardy serait arrivé à Québec dès 1663. En tout cas, il s'y trouvait en 1665. Cette année-là débarquait une fille du roi, Catherine Rivet, venant d'Étampes, en Orléanais. Pour consolider l'établissement de la Nouvelle-France, Louis XIV souhaitait donner aux jeunes pionniers l'occasion de fonder un foyer, et il dotait des orphelines prêtes à y épouser un colon de leur choix. Il en résultait souvent des amourettes qui duraient ce que durent les roses. Ce fut le cas de Jean et Catherine, qui mirent abruptement fin à leurs projets d'avenir par-devant le notaire Romain Becquet le 21 décembre (1665). Catherine accorda plutôt sa main à Pierre Duchesne dix-sept jours plus tard; elle devait être mère de douze enfants.

Jean se donna quelques mois de réflexion. Son patron lui prodigua peut-être de sages avis. Lors du recensement de 1666, en effet, il était domestique chez Denis-Joseph de Ruette, sieur d'Auteuil, qui, dès 1663, avait été nommé membre du Conseil souverain, et ne pouvait ignorer les risques d'une union conclue trop rapidement: son épouse l'avait déserté deux fois!

C'est seulement le 14 octobre 1669 que Jean signa un nouveau contrat de mariage, cette fois avec une Parisienne, Marie Poiré, fille de Toussaint et de Catherine Chatou. C'était une autre fille du roi qui, comme Catherine Rivet, avait renoncé à une première promesse de mariage, avec Jean de Lalonde. Le couple reçut la bénédiction nuptiale une semaine plus tard.

Les deux premiers enfants virent le jour à Québec: Anne-Jeanne en 1670 et Pierre deux ans plus tard. L'aînée épousa à Neuville, le 3 février 1687, Pierre Simon dit Delorme et Lapointe; elle fut la mère de dix enfants. Quant à Pierre, qui était dit Châtillon, il conduisit à l'autel, à Neuville aussi, Marie-Charlotte Lefebvre, fille de Simon et de Charlotte de Poitiers; Pierre fut lieutenant, puis capitaine de milice, et sa femme lui donna treize enfants, les cinq premiers nés à Neuville et les autres, au Cap-Santé.

Les quatre autres enfants du ménage Hardy/Poiré furent baptisés à Québec, mais ils étaient nés à Neuville, où la famille s'était établie. Le premier de ceux-ci, Jean-Baptiste, fonda un foyer, le 16 novembre 1700, avec une jeune fille du Château-Richer, Marguerite Voyer, fille de Pierre et de Catherine Crampon: treize enfants, tous nés à Neuville.

C'est une fille, Angélique, qui naquit ensuite, mais elle décéda toute jeune, car le recensement de 1681 ne la mentionne pas. En 1676, une autre fille voyait le

L'église Saint-François, au Havre, l'un des rares monuments de la ville qui ont survécu aux bombardements de la guerre de 1939-45. Construite sur l'ordre de François Ier, c'est ici que fut baptisé l'ancêtre Jean Hardy.

jour, Catherine; elle devait épouser, en 1703, le Normand Jean de Lafontaine, un chirurgien, et elle décéda hélas en 1709, une dizaine de jours après la naissance d'une troisième enfant.

Un dernier fils, Jean-François, naquit en 1678. Il figure au recensement de 1681, puis on le retrouve le 1er juillet 1696, alors qu'il agit comme parrain. Les généalogistes perdent ensuite sa trace.

Il convient peut-être de souligner qu'à ses débuts, Neuville fut désignée de deux autres façons: Dombourg et Pointe-aux-Trembles. On doit la première appellation à Jean-François Bourdon, sieur de Dombourg, qui fut propriétaire d'une seigneurie à laquelle il donna son surnom. Déjà, on désignait l'avancée de celle-ci dans le

Le précieux baldaquin du sanctuaire de l'église de Neuville tel qu'on peut le voir de nos jours. Datant de la fin du XVIIᵉ siècle, il a vu s'agenouiller de nombreux membres de la lignée de Jean Hardy.

fleuve comme la pointe aux Trembles (qu'il ne faut pas confondre, bien sûr, avec la Pointe-aux-Trembles de l'île de Montréal). En novembre 1680, François Bourdon, avant de passer en France, vendit sa seigneurie de Dombourg à Nicolas Dupont, sieur de Neuville, un personnage fort en vue qui jouissait de la confiance du gouverneur de Frontenac. Dès l'année suivante, lors du recensement, on désigne la seigneurie sous sa double appellation de Dombourg/Neuville. À ce moment-là, le pionnier Jean Hardy met vingt-cinq arpents en valeur et possède un troupeau de dix bêtes à cornes.

Les fils Pierre et Jean-Baptiste Hardy eurent chacun treize enfants, avons-nous précisé. Au nombre de ceux-ci, au moins huit fils fondèrent aussi des foyers en s'unissant à de jeunes filles dont les patronymes sont fort répandus au Québec: Gariépy, Morisset, Léveillé, Mercure, Bertrand, Matte, Masse et Harbour.

Marie Poiré, l'épouse du pionnier Jean Hardy, décéda à Neuville au début de janvier 1715; son mari la suivit dans la tombe un peu plus de six mois plus tard.

Jean de Lalonde, pionnier
de Baie-d'Urfé, victime des Iroquois

Même si nous comptons de très nombreux Lalonde en ce XXᵉ siècle, un seul pionnier de ce nom nous est venu de France au XVIIᵉ: Jean de Lalonde dit Lespérance. Probablement parce qu'il a fondé un foyer en 1669 et qu'il portait un surnom, on a formulé l'hypothèse qu'il était un soldat du régiment de Carignan, ce qui, à notre connaissance, n'a jamais été démontré. Sa mémoire, d'ailleurs, n'aurait pas besoin de cette distinction pour retenir l'attention. Ne suffit-il pas, pour cela, de rappeler qu'il a été le premier colon de Baie-d'Urfé et qu'il en a payé le prix en 1687 lorsqu'il a péri aux mains des Iroquois?

En 1987, l'Association des familles Lalonde d'Amérique a apposé sur la façade de l'église de Sainte-Anne-de-Bellevue une plaque de bronze rendant hommage à la mémoire de dix pionniers de la région, dont Jean de Lalonde. «Huit de ces dix Français inhumés dans le cimetière de la paroisse Saint-Louis-du-Bout-de-l'Île en 1687, rappelle l'inscription, furent tués lors d'escarmouches avec les Iroquois. En 1866, leurs dépouilles furent exhumées et inhumées à nouveau dans la crypte de l'église par Georges Chèvrefils, curé de la paroisse Sainte-Anne-de-Bellevue.»

On ignore quand Jean de Lalonde arriva en Nouvelle-France. Fils de Philippe et de Jeanne Duval, il était originaire de la paroisse Notre-Dame de la ville du Havre, en Normandie. Ce que l'on sait, cependant, c'est qu'en 1668 il s'engagea à exécuter des travaux pour le compte d'Anne Gasnier, veuve de Jean Bourdon. Cette dernière, on le sait, se montra fort active dans le recrutement des filles du roi conduites en Nouvelle-France pour épouser des colons. L'ancêtre Jean était donc aux premières loges, pourrait-on dire, pour s'en faire présenter, et il signa des contrats avec trois d'entre elles.

Tout d'abord, avec Françoise Herbert, fille d'un hôtelier du Havre, qui avait déjà annulé un contrat intervenu avec un autre prétendant; puis avec une Parisienne, Marie Poiré, de la paroisse Saint-Laurent; enfin, avec une autre Parisienne, Perrette Vaillant, de la paroisse Saint-Germain-l'Auxerrois. Chacune était pourtant arrivée à Québec avec des biens, dont une dot royale. Jean de Lalonde arrêta plutôt son choix sur une Dieppoise, Marie Barbant, fille d'Alexandre et de Marie Le Noble. Ce quatrième contrat fut signé le 14 novembre 1669 par-devant le notaire Adhémar.

Est-il utile de rappeler que, pour les jeunes célibataires dont la décision était prise à la fin de leur engagement de se fixer définitivement dans la colonie, il était tout naturel de songer à fonder un foyer. Les jeunes filles à marier étaient rares, et lorsqu'arrivait un contingent d'orphelines dotées par Sa Majesté, les premières rencontres n'étaient pas toujours synonymes de compatibilité.

Le couple Lalonde/Barbant n'eut que cinq enfants, car le père fut victime des Iroquois. En 1681, la famille est installée sur une terre dont douze arpents sont mis en valeur. On y trouve quatre bêtes à cornes. L'aîné des enfants, Jean, est déjà décédé, mais trois autres, Marie-Madeleine, Jean-Baptiste et Jean, grandissent sous le toit familial, à Lachine. Un cinquième, Guillaume, naîtra en 1684. Nous le retrouverons plus loin.

On imagine mal, de nos jours, les risques qu'encouraient souvent nos ancêtres. La vie de Jean de Lalonde les illustre bien. Il fut l'un des premiers à se fixer en des endroits éloignés des bourgs établis. En 1672, l'intendant Talon concède à François-Marie Perrot l'île qui, désormais, portera son nom. Il prend Jean de Lalonde à son service et, trois ans plus tard, c'est dans cette île que naîtra Jean-Baptiste. Vers le même temps, il semble se dissocier de Perrot pour se fixer à la mission Saint-Louis, qui allait devenir l'actuelle municipalité de Baie-d'Urfé.

Les Sulpiciens, seigneurs de l'île, lui concédèrent deux lots contigus, et c'est dans sa maison que les desservants de la mission diront la messe. En 1682, le couple Lalonde/Barbant perd un autre fils, qui avait reçu le prénom de Jean après le décès du premier. Il lui en naîtra un autre, Guillaume, en 1684. Hélas, en 1687, les Iroquois fondent sur la mission et massacrent huit colons, dont Jean de Lalonde. On les inhuma sur place et c'est en 1866, ainsi que nous le signalions plus haut, qu'eut lieu la translation de leurs restes.

C'est par ses deux fils, Jean-Baptiste et Guillaume, que Jean de Lalonde assura la pérennité de son patronyme.

L'église de Sainte-Anne-de-Bellevue. Sur sa façade, à droite, se distingue une plaque de bronze. Elle rappelle la mémoire de pionniers tués par les Iroquois, au nombre desquels on compte l'ancêtre de nos familles Lalonde.

L'église Notre-Dame, du Havre, en France. C'était la paroisse de famille du pionnier Jean de Lalonde.

Jean-Baptiste épousa tout d'abord à la Pointe-aux-Trembles, en 1698, Marguerite Masta, fille de Mathurin et d'Antoinette Éloi, qui lui donna un seul fils, François, et décéda quelques jours plus tard. En 1701, il contractait une nouvelle union, à Laprairie, avec Jeanne Gervais, fille de Mathieu et de Michelle Picard. Huit enfants devaient naître de ce second mariage, dont cinq fils, et quatre de ceux-ci fondèrent à leur tour des foyers: Jean-Baptiste en 1726 avec Marie-Josèphe Brébant (9 enfants), Guillaume en 1730 avec Angélique Brunet (16 enfants), Joseph, la même année, avec Marie Léger (6 enfants) et Antoine, en 1735, avec Félicité Sauvé (12 enfants). Quant à François, le fils du premier lit, il conduisit à l'autel, en 1726, Marie-Josèphe Trottier (12 enfants).

Guillaume, lui, devait épouser une jeune Anglaise, Sarah Allen, dont le généalogiste Marcel Fournier explique la venue en Nouvelle-France dans son livre intitulé *De la Nouvelle-Angleterre à la Nouvelle-France*. Des Indiens l'avaient capturée à Deerfield, au Massachusetts, en 1704. Un marchand, Jean Quenet, la racheta et elle fut baptisée en 1705. Sauf erreur, la pointe Quenet, à Beaconsfield, rappelle ce personnage qui, en 1718, devait épouser Françoise Cuillerier, propriétaire par son premier mari de la moitié de l'île Perrot. C'est le 27 avril 1710 que Guillaume épousa Sarah.

Dix enfants naquirent de ce mariage, dont sept fils, qui se marièrent tous : Édouard en 1735 avec Suzanne Sédilot, et en 1743 avec Madeleine Messier dite Duchesne, puis en 1751 avec Élisabeth Duclos (10 enfants au total); Louis en 1740 avec Louise Picard (11 enfants); André en 1750 avec Marie-Josèphe Diel (2 enfants); Albert en 1746 avec Angélique Montpetit (8 enfants); François-Claude en 1745 avec Marie-Élisabeth Rhéaume (8 enfants), Joseph-Marie en 1752 avec Marguerite Sarrazin (5 enfants), puis en 1764 avec Angélique Merlot (sans progéniture) et Guillaume en 1754 avec Charlotte Bray (6 enfants).

Jean de Lalonde pouvait dormir tranquille : sa descendance était bien assurée !

Onze générations de Langlois
sur la même terre!

Les Langlois figurent au nombre des familles nombreuses auxquelles on ne peut consacrer qu'un seul chapitre, tellement la documentation est abondante. Au cours du XVIIe siècle, plus d'une demi-douzaine de pionniers porteurs de ce patronyme se sont fixés en Nouvelle-France et cinq d'entre eux ont été pères de dix enfants ou plus!

Nous évoquerons tout d'abord la mémoire de trois chefs de famille d'origine Normande: Noël, Nicolas et Jacques, originaires respectivement de Saint-Léonard-des-Parcs, d'Yvetot et de Colombelles.

On a récemment remis en question le bourg d'origine de Noël Langlois; certains pensent qu'il était de Honfleur, où existait une paroisse placée sous le vocable de saint Léonard, mais le dossier reste ouvert.

Noël Langlois naquit vers 1606 et il fut l'une des premières recrues de Robert Giffard. Celui-ci avait obtenu la seigneurie de Beauport le 15 janvier 1634. Or, dès le 25 juillet de la même année, Noël épousait à Québec Françoise Grenier, d'origine inconnue. Le couple fut sans doute au service du seigneur jusqu'en 1637, car les engagements avaient une durée de trois années. Noël était charpentier, et nul doute que Giffard fut satisfait de son rendement car le 29 juin 1637, il lui concédait 300 arpents de terre, un domaine planté «de hautes futaies», et y ajoutait un autre arpent défriché et «ensemencé avec un poinçon de farine». Cette concession avait front sur le Saint-Laurent et s'étendait en profondeur jusqu'à la rivière Montmorency.

Le couple Langlois/Grenier eut dix enfants dont huit fondèrent des foyers. Jean, qui allait prendre le surnom de Boisverdun, épousa (1665) Charlotte-Françoise Bélanger, fille de François et de Marie Guyon (11 enfants dont 6 fils); un deuxième Jean, qui était dit Saint-Jean, conduisit à l'autel (1675) Marie Cadieux, fille de Charles et de Madeleine Macart (6 enfants dont 4 fils); Noël, dit Traversy, choisit pour compagne de vie (1677) Aimée Caron, fille de Robert et de Marie Crevet (5 enfants dont un fils), puis Geneviève Parent (1686), fille de Pierre et de Jeanne Badeau (4 enfants dont 2 fils). Noël fut le premier titulaire de la seigneurie de Port-Joli, qui lui fut concédée le 25 mai 1677, soit quatre mois après son premier mariage.

La ville de Beauport a rendu hommage au pionnier en donnant son nom à un parc; on y trouve une stèle érigée à sa mémoire en 1984 par l'Association des Langlois d'Amérique. Quant aux filles de l'ancêtre, elles fondèrent des familles avec des colons dont les noms sont de nos jours fort répandus: Pelletier, Vachon, Chevalier, Côté et Miville.

À Québec, le 26 octobre 1671, Nicolas Langlois, un tisserand originaire d'Yvetot, en Normandie, fils de Charles et de Marie Cordier, unissait sa destinée à celle d'une Rouennaise, Élisabeth Cretel, fille de Guillaume et de Jeanne Godfroy.

Nicolas avait été domestique à Québec, et c'est à la Pointe-aux-Trembles de Neuville que le couple se fixa et que naquirent ses dix enfants, dont cinq fils. Malheureusement, trois de ceux-ci décédèrent en bas âge. Étienne épousa (1698) Élisabeth Faucher, fille de Léonard et de Marie Damois (11 enfants dont 9 fils); Nicolas conduisit à l'autel (1704) Marie-Angélique Deserre, fille d'Antoine et de Mathurine Bélanger (4 enfants dont 3 fils). Trois des filles contractèrent des unions avec des colons nommés Richard, Faucher et Motard.

L'ancienne église d'Yvetot a été détruite par les bombardements, mais celle qui l'a remplacée vaut une visite, ne serait-ce que pour ses mille mètres de vitraux, que l'on doit au réputé verrier Max Ingrand et où sont représentés quatre des sept martyrs canadiens: Antoine Daniel, Jean de Lalande, Isaac Jogues et Jean de Brébeuf.

En mai 1993, l'Association des Langlois d'Amérique a dévoilé une inscription en hommage au pionnier Nicolas, à Neuville, sur la terre de M. Fernand Langlois. La famille l'occupe depuis onze générations! Remarquable fidélité à la terre ancestrale.

Jacques Langlois, que nous avons cité plus haut, était lui aussi Normand. Fils de Jacques et de Catherine Trimoville, il était originaire du Calvados. La commune de Colombelles est située dans l'arrondissement de Caen.

Il était tailleur d'habits, et c'est à Beaupré, le 8 novembre 1681, qu'il épousa une boulangère, Marie-

L'inscription en hommage au pionnier Noël Langlois s'orne d'une tête se détachant d'une coque de voilier. C'est que deux de ses fils furent d'habiles charpentiers de navires.

Aspect de la ferme de M. Fernand Langlois, à Neuville. L'inscription en hommage à l'ancêtre Nicolas occupe une place de choix en bordure de la route, devant la grange familiale.

HOMMAGE
À
NICOLAS LANGLOIS
ET ELISABETH CRETEL

PREMIERS DÉFRICHEURS DE CETTE TERRE
ET À TOUS LES LANGLOIS QUI, DE PÈRE EN
FILS, LEUR ONT SUCCÉDÉ SANS
INTERRUPTION, À CET ENDROIT, DEPUIS
1669.

L'ASSOCIATION LES LANGLOIS D'AMÉRIQUE
1992

L'inscription de Neuville rappelle que les descendants du pionnier Nicolas occupent cette terre depuis 1669.

159

Thérèse Lessard, fille d'Étienne et de Marguerite Sevestre. Il en résulta une troisième famille de dix enfants. Décidément, c'était un chiffre privilégié chez les Langlois !

L'aînée et la benjamine des filles entrèrent en religion. Marie-Thérèse prit le voile chez les religieuses de l'hôpital Général de Québec et fut la supérieure de sa communauté pendant deux termes. Angélique-Françoise choisit plutôt les Ursulines.

Au moins deux fils fondèrent des foyers. C'est en Guadeloupe que François épousa, en 1725, Catherine Duhamel, fille de Jean et de Marie Carhié. Les dictionnaires généalogiques ne nous donnent aucun renseignement sur la progéniture de ce couple. Quant à Pierre-Marie, il choisit pour compagne, en 1729, Marie-Catherine Boucher dite Lajoie, fille d'Élie et de Thérèse Montambault. Selon Tanguay, le couple eut six enfants dont un seul fils décédé à l'âge de neuf ans. Deux filles du couple Langlois/Lessard fondèrent des familles : Michelle-Françoise se laissa conduire à l'autel en 1706 par Étienne Guichon et Marie-Anne en 1724 par Philippe Peiré, originaire du diocèse de Carcassonne, dans le Languedoc.

Même si le pionnier Noël Langlois a été l'une des premières recrues du seigneur Giffard, il ne faudrait pas croire que son patronyme était inconnu jusque-là en Nouvelle-France. Ce serait oublier les sœurs Françoise et Marguerite Langlois. La première épousa Pierre Desportes et de cette union naquit Hélène, la première fille à voir le jour dans la colonie (1620). La seconde choisit pour compagnon Abraham Martin dit l'Écossais et fut mère d'Eustache, le premier garçon né en Nouvelle-

France (de parents européens, bien entendu), et de Charles-Amador, qui allait devenir le deuxième prêtre né au pays et notre premier compositeur de musique. Mentionnons aussi Marie Langlois, femme de Jean Juchereau de Maur, qui arriva en 1634 et dont le fils devait épouser la fille de Robert Giffard. Une grande famille qui s'est profilée sur l'aube de nos commencements!

Les Langlois ont aussi des ancêtres d'origine parisienne

Nous avons déjà évoqué la mémoire de trois ancêtres Langlois venus de Normandie. Cette fois, nous rendrons hommage à deux pionniers porteurs du même patronyme, mais originaires de Paris; ils se prénommaient Honoré et Germain.

Le premier était chapelier et il a adopté ou reçu deux surnoms. Il était dit Lachapelle et Croustille. Le 5 décembre 1661, à Montréal, il épousait Marie Pontonnier, qui avait été au centre d'aventures qui avaient... croustillé dans les chaumières. Nous ne saurions les rapporter ici. Contentons-nous de les citer à grands traits.

Tout d'abord mariée à Pierre Gadois, fils d'un pionnier de Ville-Marie, l'union fut invalidée faute d'avoir été consommée et la responsabilité en a été imputée à un amoureux éconduit qui pratiquait la sorcellerie. Marie obtint un dédommagement de son premier époux, au montant de 400 livres à verser en peaux de castor, en blé ou en argent, puis elle contracta un deuxième mariage, avec Pierre Martin dit Larivière, que les Iroquois allaient massacrer moins de cinq mois plus tard. C'est avec Honoré Langlois qu'elle allait enfin connaître une existence normale, et celui-ci adopta sa fille née après le décès tragique du père. Honoré n'hésitera pas, plus tard, à l'associer à ses propres héritiers.

C'est à Montréal que le couple s'établit. Lors du recensement de 1666, Honoré a déjà défriché vingt arpents de sa terre, et il possède deux têtes de bétail.

En 1669, Honoré obtient une concession à la Pointe-aux-Trembles et il deviendra ainsi l'un des pionniers de cette paroisse, dont l'église sera construite à partir de 1705. Il a vendu sa terre de Montréal à Robert Lecavalier moyennant 360 minots de grain.

En 1681, les recenseurs notent qu'Honoré Langlois met dix arpents en valeur et possède douze bêtes à cornes. Le couple a maintenant sept enfants, l'un étant décédé en bas âge. Deux autres naîtront par la suite.

Le couple Langlois/Pontonnier eut dix enfants, et ceux qui contractèrent mariage s'établirent à Montréal et à la Pointe-aux-Trembles. Honoré décéda en 1709, âgé de 80 ans. Son épouse lui survécut huit ans; quant elle décéda, écrivait Mme Violette Allaire en 1964, elle laissait quarante-huit petits-enfants et quatorze arrière-petits-enfants.

Le couple avait eu dix enfants dont six fils. Quatre de ceux-ci décédèrent en bas âge. Jean conduisit à l'autel, en 1698, Jeanne Gauthier, fille de Mathurin et de Nicolas Philippeau (11 enfants dont 4 fils). André contracta deux unions: tout d'abord en 1701 avec Françoise Bissonet, fille de Jacques et de Marguerite Collet, puis en 1708 avec Marguerite Gauthier, la sœur de Jeanne (3 enfants dont 2 fils et 14 enfants dont 7 fils,

respectivement). Les quatre filles du couple Langlois/
Pontonnier fondèrent des foyers: Jeanne en 1682 avec
Joseph Loisel, Marguerite en 1686 avec André Hunault,
Anne-Thérèse en 1693 avec Robert Janot et Françoise
en 1700 avec Louis Beaudry. Lors de son mariage,
André Hunault (Héneau) revenait d'une longue ab-
sence: il avait accompagné Cavelier de La Salle lors
d'une expédition au Mississippi (1678-1683).

Faisons maintenant connaissance avec l'autre ancêtre parisien, Germain Langlois. Fils de Michel et de
Catherine Leclerc, peut-être ses parents le prénommè-
rent-ils Germain à cause du vocable de la paroisse,
Saint-Germain-l'Auxerrois. L'église où l'eau régénéra-
trice coula sur son front existe toujours; elle est située
à proximité du Louvre.

On ignore quand Germain franchit l'Atlantique,
mais il était déjà en Nouvelle-France en 1667, car les
recenseurs notent qu'il est alors domestique chez Pierre
Parant, un censitaire de la côte Notre-Dame-des-Anges,
près de Québec.

En 1675, il épouse Jeanne Chalifou, fille de Paul et
de Jacquette Archambault. Quelques années plus tôt,
l'intendant Talon avait jeté les bases de trois hameaux
aux environs de Québec: Bourg-Royal, Bourg-la-Reine
et Bourg Talon. C'est dans le premier que se fixera le
couple, et une bonne dizaine d'enfants y verront le jour.

Germain Langlois fut le plus prolifique des pionniers de ce nom. Au total, il porta treize enfants à
l'église. Cependant, il eut la douleur d'en perdre plusieurs. En 1706, son fils Germain épouse, à Beauport,
Angélique Parent, fille de Jacques et de Louise Chevalier (7 enfants dont un fils). L'année suivante, un autre

L'église Saint-Germain-l'Auxerrois, à Paris, paroisse d'origine de l'ancêtre Germain Langlois. On l'aperçoit ici depuis son chevet. En face se distingue une colonnade ornant le Louvre, rue de l'Amiral-de-Coligny.

de ses fils, Jacques, unit sa destinée à Marie-Renée Toupin, fille de Jean et de Marie-Madeleine Mézeray (13 enfants dont 7 fils). Enfin, en 1716, un troisième fils, Martin, conduit à l'autel Marie-Madeleine Paquet, fille de Jacques et de Marie-Françoise Stevens (17 enfants dont 11 fils). Le patronyme Stevens étonne au premier abord; il s'agissait de Katharine Stephen, une jeune Anglaise qui avait été faite prisonnière en 1689, lors de l'attaque de Pemaquid (aujourd'hui Woolwich, Maine).

Ainsi, selon le généalogiste Tanguay, les trois fils du couple Langlois-Chalifou qui se marièrent en eurent à leur tour près d'une vingtaine. Hélas, une forte proportion d'entre eux décédèrent en bas âge. Par contre, les filles issues des mêmes trois unions connurent un sort plus heureux, et elles s'allièrent aux familles Thaumier, Colombier, Damien, Giard, Gervaise, Lefebvre, Bariteau, Lupier, Dazé et Boutin.

Dans une étude consacrée aux vieilles familles du Sault-au-Récollet (*Cahiers d'histoire du Sault-au-*

La belle église de la Visitation du Sault-au-Récollet, qui devint celle de plusieurs descendants du Parisien Germain Langlois établis sur les bords de la rivière des Prairies.

Récollet, n⁰ 2, p. 27), M. Michel Lapierre souligne que des descendants du pionnier Germain Langlois se sont fixés des deux côtés de la rivière des Prairies. Ce sont des Langlois dits Germain, le prénom de l'ancêtre étant devenu un surnom. Martin, fils de Germain, écrit-il, se fixa dans l'île Jésus, à l'instar de trois beaux-frères. Un petit-fils, prénommé Pierre, épousa à Saint-Vincent-de-Paul, en 1764, Marie Labelle. Un fils, Jean-Baptiste, fonda un foyer avec Marie-Angélique Dusablé et devint aubergiste à Saint-Vincent-de-Paul, alors qu'un autre fils, Joseph, épousa Clémence Lebeau dite Lalouette, en 1804, et s'établit dans la paroisse de la Visitation.

Pour terminer notre énumération des Langlois venus de France, mentionnons à titre documentaire le meunier Jean Langlois, originaire d'Ouville-la-Rivière, non loin de Dieppe, qui épousa à Québec, en 1668, Madeleine Gaumond, fille de Jean et d'Anne Rémond. Le couple n'eut que deux fils décédés en bas âge. Enfin, Jérôme Langlois nous est venu du Havre avec un fils, Rollin, qui exerça trois métiers: il fut maître canonnier, serrurier et arquebusier. En 1664, il épousa aux Trois-Rivières Marie Chauvin, fille de Marin et de Gilette Banne, mais décéda deux mois plus tard.

Saint-Sulpice de Paris,
paroisse-mère des Laniel

Un seul fondateur de lignée portant le patronyme Laniel s'est établi en Nouvelle-France au XVIIe siècle. Il était originaire du faubourg Saint-Germain, qui allait devenir partie intégrante de la Ville Lumière.

Une chapelle existait dans ce faubourg dès la fin du XIIe siècle, à l'intention des cerfs de l'abbaye Saint-Germain-des-Prés. Au fil du temps, laboureurs, clercs, marchands et bourgeois devinrent assez nombreux pour motiver la construction d'une église, qui fut plus tard dédiée à saint Sulpice, évêque de Bourges. Après trois autres siècles, la population du bourg n'ayant cessé de s'accroître, on dut la remplacer par une plus vaste église. À ce moment-là, le curé de la paroisse était nul autre que Jean-Jacques Olier, qui avait été nommé à ce poste en 1642, l'année même de la fondation de Ville-Marie, dont il avait été l'un des principaux artisans.

La famille Laniel a donc assisté à une étape de la construction de l'église, dont la pierre angulaire fut posée en 1646 par Anne d'Autriche.

Julien Laniel, qui transplanta son patronyme dans la vallée du Saint-Laurent, portait deux surnoms: il était dit Soulange et Desrosiers. Le premier des deux trahissait-il une origine champenoise? Il existe une commune de ce nom dans l'actuel département de la Marne. Fils de Jean Laniel et de Judith LeTullé, Julien choisit le métier de son père, celui de cordonnier. On ne sait quand il franchit l'Atlantique, mais il se trouvait à Saint-Augustin dès 1686, car, le 19 février de l'année suivante, par-devant le notaire François Genaple, il signait un contrat de mariage avec Marie-Jeanne Gély, la fille d'un soldat du Languedoc débarqué à Québec en 1665. Il s'agissait de Jean Gély dit Laverdure, qui était caporal dans la compagnie de Monteil, régiment du Poitou. Incompatibilité? Mésentente? Le contrat fut annulé trois mois plus tard. Marie-Jeanne épousa plutôt, la même année (1687), Jean Marchet, un domestique des religieuses de l'Hôtel-Dieu.

C'est en 1689 que Julien Laniel fonda un foyer, avec une jeune fille de Batiscan, Marie-Anne Fafard, fille de François et de Marie Richard. C'était le 10 janvier et, neuf jours plus tard, le couple signait son contrat de mariage par-devant François Trottain, qui s'intitulait «notaire royal garde notes au Cap-de-la-Madeleine, Champlain, Batiscan et Sainte-Anne», comme quoi les tabellions devaient compter à cette époque sur la clientèle d'un vaste territoire pour tirer leur épingle du jeu!

Le couple Laniel/Fafard eut huit enfants. Tout d'abord, deux filles, Marie-Anne et Marie-Madeleine, nées en 1689 et en 1690. La première ne vécut qu'une vingtaine de jours, mais la deuxième épousa Pierre Renard en 1709 et lui donna sept enfants. Dès lors, la famille semble s'être souvent déplacée. En 1693 naissait un premier fils, Antoine, baptisé à Saint-Pierre, île

d'Orléans. En 1719, il conduisait à l'autel, à Repentigny, Marie-Anne Fouquereau, fille d'Urbain et de
Jeanne Rossignol, et veuve de Marien-Joseph Rivière;
Antoine était dit Desrosiers et fut père de quatre fils et
de trois filles.

Un deuxième fils, Nicolas, qui devait prendre le
surnom de Bellerose, vit le jour à Québec en 1695; en
1719, également, il choisit pour compagne de vie une
Soreloise, Marie-Anne Duplais, fille de Sylvain et de
Rosalie Guay, et c'est à Sorel que le couple se fixa.
Cette union donna le jour à trois fils et huit filles.

Les deux enfants suivants naquirent à Neuville.
Marie-Louise, portée au baptême en 1697, devint en
1721 l'épouse de Pierre Mandeville, à qui elle donna
quatre enfants. Jean-Baptiste, né en 1699, conduisit à
l'autel, à Montréal, en 1724, Marie-Madeleine Couturier, fille de François et de Louise Campeau. Le couple
eut quatre enfants, dont un fils. Enfin, en 1701, la famille Laniel devait habiter Saint-Nicolas, car c'est là
que Marie-Charlotte vit le jour; en 1726, elle épousa
Mathurin Pilon dit Lafortune et lui donna cinq enfants.

En 1703, l'ancêtre Julien devait pleurer deux
deuils simultanément. La famille se trouvait alors à
Saint-Antoine de Tilly. Le 19 février, on inhumait son
épouse, en même temps qu'un enfant à qui elle venait
de donner le jour. C'est le neuvième acte de sépulture
figurant dans les registres de la paroisse.

Julien Laniel devenait veuf avec de jeunes enfants.
Dès le mois d'août, il contractait une seconde union, à
Québec, avec Rosalie Guay, fille de Jean et de Marie
Brière, et veuve de Sylvain Duplais, qui était décédé le

L'église Saint-Sulpice, à Paris, paroisse de la famille Laniel.
Jean-Jacques Olier, fondateur du séminaire Saint-Sulpice, en était le
curé quand fut posée la pierre angulaire de ce monument.

18 juin précédent. Il épousait ainsi la mère de sa belle-fille, Marie-Anne, compagne de Nicolas.

C'est à Saint-Antoine de Tilly que le couple se fixa. Il eut neuf enfants, les huit premiers nés dans cette paroisse. Nous ne pouvons que les énumérer, car les dictionnaires généalogiques ne nous renseignent pas sur ce qu'il en advint: Alexis (1704), Julien (1707), un second Julien (1707), probablement des jumeaux, Joseph-Alphonse (1708), Marie-Rosalie (1709), Marguerite (1710), Marie-Angélique et Marie-Rosalie, des jumelles (1712) et Marie-Josèphe, née à l'île Dupas, en face de Sorel (1714).

Julien Laniel et sa seconde épouse, Rosalie Guay, ont vu naître la vie paroissiale à Saint-Antoine-de-Tilly.

Place Saint-Sulpice, là où se trouvait le premier séminaire fondé par Jean-Jacques Olier, se dresse une élégante fontaine ornée de statues de quatre grands orateurs sacrés: Fénelon, Bossuet, Fléchier et Massillon. François de Salignac de La Mothe Fénelon (statue de gauche) était le frère consanguin d'un missionnaire portant mêmes prénom et patronyme, ordonné prêtre par Mgr de Laval, et qui fonda une mission sur des îles du lac Saint-Louis.

La seigneurie de ce nom avait été concédée dès 1672 au sieur Legardeur de Villieu, lieutenant de la compagnie de Berthier du régiment de Carignan, et c'est un missionnaire récollet qui en fut le premier desservant. C'est seulement en 1702 que la paroisse fut érigée canoniquement et que s'ouvrirent les premiers registres. Le baptême du premier fils né au couple Laniel/Guay, Alexis, y figure en quinzième place.

Vers la fin de ses jours, l'ancêtre Julien alla probablement vivre chez son fils Nicolas, car il décéda dans l'île Saint-Ignace en 1726 et fut inhumé à Sorel. Sa veuve lui survécut 23 ans; elle mourut en 1749 à la Baie-du-Febvre.

Selon les dictionnaires étymologiques des noms de familles, Laniel serait, en Normandie, une forme altérée de Lagnel (de même que de Lagneau, variation régionale). Dans l'Est, le Midi et le Nord de la France, *Agnel* était un sobriquet désignant une personne d'humeur égale, dérivant du métier d'agnelier, un berger qui gardait les agneaux.

Chez les Lavoie: deux pionniers venus au XVIIe siècle

Le visiteur qui parcourt les environs de La Rochelle, ancienne capitale de l'Aunis et préfecture du département de Charente-Maritime, et qui passe devant la mairie d'Aytré est tout étonné de voir surgir d'un bassin une sculpture dont la partie supérieure représente le squelette d'un cheval, et l'inférieure, la membrure d'une coque de vaisseau.

Source d'étonnement pour qui est sur les traces d'un pionnier de la Nouvelle-France! C'est une allégorie que l'artiste Christian Renonciat a conçue pour associer la légende à l'histoire. Les peuples vivant en bordure de mer ont longtemps vu des chevaux se profiler dans l'écume des vagues; par ailleurs, des fouilles archéologiques effectuées place des Charmilles ont révélé des vestiges de drakkars.

Aytré est le lieu d'origine de l'un des deux pionniers qui, au XVIIe siècle, ont transplanté en Nouvelle-France le patronyme Lavoie. Depuis le vieux port de La Rochelle, la N 137, vers le sud, frôle Aytré en 5,50 km. Cette route conduit à Rochefort.

On ne peut dire de Pierre de Lavoie qu'il lui fut facile de refaire sa vie de ce côté-ci de l'Atlantique. Fils de Pierre et d'Élisabeth Vadois, il épousa vers 1650, dans son bourg d'Aytré, une certaine Jacquette Grinon qui lui donna quatre enfants, mais qui ne franchit pas l'océan. C'est avec trois filles et un fils qu'il partit pour la lointaine colonie. En quelle année? Nous l'ignorons, mais lors du recensement de 1667, il habite le Cap-Rouge et travaille comme fermier pour François Pelletier. On le dit s'appeler Delacroix, mais il s'agit sans doute là d'une erreur de transcription, car les prénoms de deux enfants qui sont avec lui le laissent croire. Il met 20 arpents en valeur et les recenseurs ne lui mentionnent aucune compagne. Sans doute est-il déjà veuf.

Avant d'aborder les désillusions qu'il vécut dans le but de se refaire un foyer, voyons ce qu'il est advenu de ses quatre enfants. L'aînée, Suzanne, épousa Jean Tesson en 1666, une union qui fut sans postérité. Marie, au contraire, mit au monde douze enfants pendant son mariage avec Pierre Grenon. Leur sœur, Marie-Olive, donna cinq enfants à son époux, le Normand Michel Frenet. Enfin, Jean, soldat de la garnison de Québec, fonda en 1690 un foyer avec Barbe Lhomme, fille de Michel et de Marie Valade, alors qu'il servait au sein de la garnison de Chambly; six enfants naquirent de cette union.

En 1667, Pierre de Lavoie conte fleurette à une fille du roi, Jeanne Burel. Le couple songe au mariage; est-ce la jeune promise qui se récuse? C'est par-devant notaire que l'on scellera l'annulation de l'entente. Jeanne deviendra plutôt l'épouse d'André Poutré. Mais Pierre ne renonce pas pour cela au conjungo. Il jette son dévolu sur une autre fille du roi, Anne-Françoise Richard dite Saint-Martin: elle a déjà annulé un contrat de mariage avec François Bernajou pour en signer un autre avec Pierre de Lavoie, auquel elle renoncera aussi pour épouser Pierre Campagna. En 1667, Pierre a atteint la quarantaine; son âge doublait celui de Jeanne, et Anne-Françoise n'avait que 16 ans.

C'est une troisième pupille de Sa Majesté qui se laissera conduire à l'autel par Pierre de Lavoie, Isabelle Aupé, originaire de Rouen. Elle a 20 ans et lui donnera huit enfants. Les quatre premiers verront le jour à Saint-Augustin et les autres à Neuville. Il semble bien qu'un seul fils, Romain, ait fondé un foyer; en 1730, il épousait Marie-Thérèse Jean dite Denis, fille de Nicolas et de Marie-Madeleine Cliche. Pierre de Lavoie perdit sa deuxième épouse en 1687; il lui survécut 21 ans.

L'autre pionnier qui introduisit le patronyme Lavoie en Nouvelle-France fut plus prolifique que Pierre. Il se prénommait René. Fils de René et d'Isabelle Bélanger, il avait vu le jour à Rouen. Le 19 avril 1656, il épousait une fille de la côte de Beaupré, Anne Godin, dont les parents s'étaient mariés au temple calviniste de La Rochelle en 1639; elle y avait d'ailleurs elle-même reçu le baptême.

C'est sur la côte de Beaupré que le couple se fixa. Dès le 18 août (1656), René y loue une terre «avec cabane». Or, en 1661, Louis Gagné, fils du pionnier Pierre, en obtient la concession. Le 7 octobre 1665, Charles Aubert de La Chesnaye, propriétaire d'une partie de la seigneurie de Beaupré, octroie à René de Lavoie une terre de trois arpents de front située entre celles de Pierre Simard et de François Giguère.

Le couple Lavoie/Godin eut huit enfants. Tout d'abord, deux fils, René et Jean. Le premier, qui fut domestique au Séminaire de Québec, épousa, le 4 novembre 1683, Marguerite Bouchard, fille de Claude et

176

de Louise Gagné (10 enfants tous nés à Saint-François-Xavier-de-la-Petite-Rivière et baptisés à la baie Saint-Paul). Jean fonda un foyer, le 22 octobre 1688, avec une jeune fille de la Rivière-Ouelle, Marie-Madeleine Boucher, fille de Jean-Galleran et de Marie Leclerc (13 enfants tous nés à la Rivière-Ouelle).

Anne naquit ensuite; elle épousa le tonnelier Pierre Allard en 1683, mais décéda moins de trois ans plus tard, soit une douzaine de jours après avoir donné naissance à un deuxième enfant. Puis, le couple Lavoie/Godin eut deux fils, Pierre et Jacques.

Pierre conduisit tout d'abord à l'autel Constance Duchesne, fille de Pierre et de Catherine Rivet, le 2 mai

Le «bateau-cheval» d'Aytré, une sculpture moderne qui fait le pont entre l'histoire et la légende.

Seul le clocher de l'église d'Aytré domine les frondaisons d'un parc élégant situé non loin de la mairie.

1696 (4 enfants dont un fils), puis le 10 février 1716 Madeleine Tourneroche, fille de Robert et de Marie Targer et veuve de Julien Dumont dit Lafleur (3 filles). Quant à Jacques, il contracta lui aussi deux unions : la première le 15 février 1706 avec Angélique Garand, fille de Pierre et de Catherine Labrecque, et la seconde, le 7 août 1719, avec Marie Barbeau, veuve de Jean Bernard et fille de François et de Marie Hédouin (5 et 6 enfants respectivement, tous nés ou baptisés à Saint-François-Xavier-de-la-Petite-Rivière ou à la baie Saint-Paul).

Deux filles s'ajoutèrent ensuite à la famille, Marie-Madeleine et Brigitte. La première donna neuf enfants à Étienne Godard dit Lapointe, qu'elle épousa en 1687, et la seconde en présenta huit à Charles Routhier, qui l'avait conduite à l'autel en 1697.

C'est un fils, Joseph, qui fut le benjamin de la famille; un premier mariage ne lui donna qu'un fils et un second fut sans postérité.

Lorsqu'en 1686 René de Lavoie vendit à son gendre Pierre Allard la moitié de la terre qui lui revenait par suite du décès de son épouse, à la condition que l'acheteur prît soin de lui jusqu'à sa mort, il pouvait se retirer tranquille quant à la pérennité de son patronyme: une dizaine de petits-fils devaient l'assurer.

Quatre frères Leduc, pères de 38 enfants, ont peuplé l'île Perrot

Si l'on s'étonne de l'importance numérique de nos familles Leduc, il suffit d'évaluer la fécondité des quatre principaux pionniers de ce nom qui ont franchi l'Atlantique au XVIIe siècle pour en déceler les facteurs : ils furent collectivement les pères de plus d'une trentaine d'enfants, dont une vingtaine de fils : de quoi assurer confortablement la pérennité d'un patronyme !

Voyons leur progéniture en les citant dans l'ordre chronologique de leur mariage.

Jean Leduc, un scieur de long né à Igé, dans le Perche, s'engagea dès 1644 pour exercer son métier à Ville-Marie. Il fut donc un pionnier de Montréal, où, le 11 novembre 1652, il épousait Marie Soulinier, fille d'Élie et de Marie Foulet et originaire de Saintes. Entre 1653 et 1675, le couple eut neuf enfants, tous nés à Montréal, dont six fils. Deux des trois filles se firent religieuses à l'Hôtel-Dieu ; l'autre, en 1683, épousa Paul Desroches dit Pincourt et lui donna huit enfants. Ce surnom de Pincourt serait-il à l'origine de l'appellation de l'une des actuelles municipalités de l'île Perrot ? Quatre frères Leduc devaient s'établir dans cette île, nous le verrons plus loin, mais nous n'avons pu établir de liens de parenté entre eux et Paul Desroches.

Les six fils, dont trois furent des engagés de l'Ouest, se marièrent; nous devons nous limiter à les énumérer avec la date de l'union et le nom de la conjointe: Jean en 1683 avec Marguerite Desroches, sœur de Paul (13 enfants); Lambert en 1681 avec Jeanne Descaries (14 enfants); Joseph en 1687 avec Catherine Cuillerier (10 enfants) puis en 1706 avec Geneviève Joly (9 enfants); Charles en 1691 avec Agathe Desroches, sœur de Paul et de Marguerite (6 enfants), puis en 1705 avec Aimée-Angélique Chevalier (8 enfants); Philippe en 1699 avec Marie Carrière (4 enfants); et Jacques en 1701 avec Marie-Madeleine Michel (une fille seulement, car le père mourut de la picote dès 1702).

Jean Leduc aurait pu, à lui seul, grâce à ses fils, enraciner profondément le patronyme dans le sol généreux de la Nouvelle-France, mais d'autres le secondèrent.

Dès 1664, le 28 octobre, à Québec, René Leduc, un Angevin originaire de Brézé, non loin de Saumur, conduisait à l'autel une fille du roi, Anne Gendreau, une Poitevine qui avait vu le jour aux Sables-d'Olonne. Le ménage s'établit en face de Québec, au hameau de la Pointe-Lévy, et eut dix enfants, les premiers baptisés à Québec et les autres à Lauzon. Des cinq filles de ce couple, deux se firent religieuses à l'Hôtel-Dieu de Québec, une troisième ne semble pas avoir renoncé au célibat et les deux autres se marièrent: Marie-Anne en 1689 avec Ignace Liénard dit Boisjoli (12 enfants), et

Geneviève en 1704 avec Pierre Métayer dit Saint-Onge (5 enfants).

Côté masculin, la progéniture fut moins prometteuse: quatre des cinq fils ne semblent pas avoir fondé de famille; le cinquième, Guillaume, épousa Élisabeth Drouin en 1704 et eut pas moins de seize enfants que la mortalité infantile décima: sur six fils, cinq décédèrent au berceau. Quel tribut à la grande faucheuse!

En 1671, c'est un Normand, Antoine Leduc, fils de Jean et de Jeanne Desobrie, qui fonde à son tour un foyer, à La Pérade, avec Jeanne Faucheux, fille de Noël et de Jacqueline Trion. Il vient de Louvetot, non loin de Rouen, et a été domestique aux Trois-Rivières avant d'obtenir une concession à La Pérade. Le couple n'aura que trois enfants: Marie-Françoise, Jean-Baptiste et Pierre. La première passa dix jours à l'Hôtel-Dieu de Québec en 1692. Est-elle décédée par la suite? Les généalogistes ne la mentionnent plus. Les deux fils devaient se marier.

Le 9 novembre 1705, Jean-Baptiste conduisait à l'autel, à Sainte-Foy, Marie-Angélique Gaudry, fille de Jacques et d'Anne Poirier (5 enfants dont 3 fils). Cinq ans plus tard, le 22 juin, à Batiscan, Pierre épousait Marie-Madeleine Viel, fille de Pierre et de Marie-Madeleine Trottier, veuve de Simon Labétolle dit Limoisin (10 enfants dont 5 fils).

En 1979, quelques Leduc du Québec visitaient Louvetot. À cette occasion, les autorités locales donnèrent le nom du pionnier Antoine à la place située devant l'église. Il fut alors décidé de restaurer celle-ci, et la première phase des travaux fut marquée, deux ans plus tard, par une cérémonie à laquelle assistaient encore des Leduc du Québec.

Le moulin à vent de l'île Perrot tel qu'il se présentait avant sa restauration en 1977. Les quatre frères Leduc installés dans le voisinage y portaient sans doute leurs grains à moudre.

Tout comme d'autres fondateurs de lignée, la mémoire d'Antoine est maintenant évoquée des deux côtés de l'Atlantique. Le 2 août 1992, en effet, on a dévoilé à La Pérade une stèle érigée sur l'une des terres qu'exploitent encore des Leduc dans cette localité.

Terminons notre évocation des Leduc en compagnie d'un autre Normand, le maître chaudronnier Pierre Leduc, baptisé en l'église Saint-Laurent, à Rouen. On peut toujours visiter celle-ci : elle abrite maintenant le Musée Le Secq-des-Tournelles, consacré à la ferronnerie. Elle date du milieu du XVᵉ siècle.

Fils de Pierre, lui-même fourbisseur d'armes, et d'Anne Martin, ce pionnier épousa à Lachine, le 28 juin 1700, Catherine Fortin, fille de Louis et de Catherine

Depuis 1992, à La Pérade, cette stèle évoque la mémoire du pionnier Antoine Leduc.

L'église de Louvetot, non loin de Rouen, où fut baptisé l'ancêtre Antoine, qui allait devenir un pionnier de La Pérade.

Godin. De 1702 à 1729, onze enfants, dont six fils, naquirent à ce couple. La famille contribua ainsi au peuplement de l'ouest de l'île de Montréal (Pointe-Claire, Sainte-Anne-de-Bellevue) et de l'île Perrot.

Ainsi, lors d'un recensement de la population de l'île Perrot effectué en 1765, on y trouve quatre des fils confortablement installés sur des terres: Pierre et Pélagie Tougas-Laviolette (1730) auront sept enfants; René et Élisabeth Fortier (1739), treize enfants; Jean-Baptiste et Françoise Trottier dit Desruisseaux (1740), cinq enfants; Charles-Michel et Marguerite Cuillerier (1744), treize enfants.

Les quatre exploitent des terres: Pierre, 60 arpents; René, 68 arpents; Jean-Baptiste, 245 arpents; Charles-Michel, 260 arpents. Jean-Baptiste a-t-il été plus astucieux que ses frères? Il a épousé la fille de Joseph Trottier dit Desruisseaux, qui a acheté l'île Perrot de Paul LeMoyne en 1703 et a fait construire le moulin à vent, dont la restauration date de 1977. En 1740, la veuve de Trottier cédait l'île et le moulin à bail à son gendre, Jean-Baptiste, pour une période de deux ans!

Les Lefebvre comptent un chevalier de Saint-Louis

Personne ne s'étonnera de ce que les Lefebvre soient si nombreux. Seulement au cours du XVIIᵉ siècle, près d'une vingtaine de pionniers de ce nom se sont mariés en Nouvelle-France, de sorte que même si nous passerons sous silence les ménages qui furent sans postérité ou n'eurent pas de descendance mâle, il nous faudra répartir les autres en deux chapitres. Celui-ci en mentionnera une demi-douzaine originaires de la région parisienne ou de la Picardie.

À tout précurseur, tout honneur. Le premier Lefebvre qui fonda un foyer chez nous venait de Sceaux, archevêché de Paris. Fils de Pierre et de Jeanne Cutiloup, il portait le même prénom que son père. Vers 1646, aux Trois-Rivières, il épousait Jeanne Auneau, d'origine inconnue. Le couple eut sept enfants et quatre des fils se marièrent à leur tour: Jacques en 1670 avec Marie Beaudry, Ange en 1680 avec Marie-Madeleine Cusson, Ignace en 1682 avec Marie Trottier et Michel en 1683 avec Catherine Trottier, la sœur de Marie. Ces quatre fils eurent collectivement quarante-sept enfants, tous nés aux Trois-Rivières ou au Cap-de-la-Madeleine.

L'ancêtre Pierre a donc généreusement contribué à l'essor de la région trifluvienne. En 1707, l'intendant Jacques Raudot nommait Ange Lefebvre notaire de la seigneurie de la Baie-Saint-Antoine (aujourd'hui Baie-du-Febvre).

En 1665 arrivait à Québec Simon Lefebvre dit Angers, en qualité de maître d'hôtel du marquis de Prouville de Tracy, lieutenant général du roi dans les Amériques méridionale et septentrionale. Le régiment de Carignan débarquait vers le même temps. Originaire de Tracy-le-Val, près de Compiègne, Simon ne demeura pas longtemps célibataire. Dès janvier 1667, il choisissait pour compagne de vie Marie-Charlotte de Poitiers, fille de Pierre-Charles, sieur du Buisson, capitaine d'infanterie, et d'Hélène de Belleau; elle était la veuve de Joseph Hébert, qui avait été capturé par les Iroquois et tué en captivité. Après quelques années à Québec, le couple se fixa dans la seigneurie de Neuville. Il eut huit enfants et au moins trois des fils contractèrent des unions: Louis en 1697 avec Anne-Félicité Bonhomme, Jean-Baptiste en 1700 avec Geneviève-Françoise Faucher et François en 1703 avec Marie-Madeleine Deserre. Ensemble, ces trois fils eurent une vingtaine d'enfants.

Même s'il n'a eu qu'un seul fils, mentionnons le soldat Louis Lefebvre dit Lacroix, de la paroisse Saint-Sulpice de Paris. En 1667, au Cap-de-la-Madeleine, il conduisait à l'autel Catherine Ferré, également d'origine parisienne. Le fils, Jacques, épousa Marie-Anne Leblanc, fille de Nicolas et de Madeleine Duteau, qui lui donna également un seul fils, Jean-Baptiste, qui lui-même eut neuf enfants, dont six fondèrent éventuellement des familles.

Citons maintenant un pionnier de l'île d'Orléans dont le surnom trahissait le métier : Claude Lefebvre dit Boulanger. Il était originaire de Vigny, une commune de l'arrondissement de Pontoise située à quelque 40 kilomètres au nord-ouest de Paris. On peut s'y rendre par la N 14, qui conduit jusqu'à Rouen. La route franchit l'Oise à Pontoise, une importante rivière du bassin parisien, presque entièrement navigable, et qui, un peu en aval, se jette dans la Seine, dont elle est l'un des principaux affluents ; on n'est plus alors qu'à 12 kilomètres de Vigny.

Fils de Louis et de Marie Verneuil, Claude fut tout d'abord domestique chez Jacques Bilodeau, un fermier de Sainte-Famille, île d'Orléans. C'est dans cette paroisse que, le 28 octobre 1669, il épousa une fille du roi, Marie Arcular, fraîchement arrivée de Paris avec des biens estimés à 250 livres et une dot royale de 50 livres. Deux ans plus tôt, Claude avait reçu une concession de trois arpents de front, à Sainte-Famille même, et c'est là que naquirent les cinq premiers enfants, mais en 1677 les Hospitalières de Québec concédèrent à Claude une nouvelle terre dans leur seigneurie d'Argentenay, à la pointe est de l'île. C'est donc à Saint-François que furent baptisés les cinq autres enfants de la famille.

Le couple eut donc dix enfants et quatre des fils se marièrent à leur tour : Jean en 1695 avec Reine Mesny, Pierre en 1697 avec Françoise Fournier, Claude en 1705 avec Marie Gautron et Charles en 1711 avec Marie Plante. Trente-sept enfants naquirent de ces quatre unions. Claude Lefebvre dit Boulanger décéda à l'Hôtel-Dieu de Québec en 1690, à l'âge de 39 ans.

C'est d'Amiens, en Picardie, que nous vint Jean-Baptiste Lefebvre dit Saint-Jean, qui devait être le père

L'église Notre-Dame, à Pontoise, est ancienne. La rivière Saint-Charles, à Québec, doit son nom à Charles de Bauves, vicaire général de Pontoise, qui fut l'un des insignes bienfaiteurs de nos premiers missionnaires récollets amenés par Samuel de Champlain en 1615.

Ce monument a été érigé là où l'Oise se jette dans la Seine. Il rend hommage aux bateliers morts pour la Patrie. L'Oise est presque entièrement navigable. Nombreuses sont les péniches qui en suivent le cours.

de seize enfants, tous nés à Montréal. Fils de Geoffroy et de Jeanne Milé, il épousa à Montréal la sage-femme Cunégonde Gervaise. Le couple eut pas moins de dix fils. L'aîné, Jean-Baptiste, qui était dit Gervais, se fit prêtre. Cinq devaient fonder des foyers : Geoffroy en 1704 avec Marie-Madeleine Michel, Nicolas en 1711 avec Marie-Anne Ducharme, Urbain en 1716 avec Louise-Catherine Rivard, Charles en 1717 avec Françoise Gaudry et Jean-Baptiste en 1723 avec Agnès Lafond. Cette dernière union demeura sans postérité, mais il naquit une bonne cinquantaine d'enfants aux quatre autres fils, dont plus de vingt fils. Ne nous étonnons pas de ce qu'il y ait tant de Lefebvre dans la région de Montréal.

Pour terminer, nous évoquerons l'une des figures de notre histoire militaire, François Lefebvre Duplessis-Faber, qui fut promu chevalier de Saint-Louis, mais ne l'apprit jamais! Son père était maître d'hôtel du roi en son hôtel de ville de Paris, ce qui facilita l'avancement du jeune homme. Celui-ci avait déjà 16 années de carrière militaire à son crédit quand il franchit l'Atlantique en 1687 pour commander une compagnie des troupes de la Marine.

En 1689, à Champlain, il épousait Marie-Madeleine Chorel de Saint-Romain, fille de François et de Marie-Anne Aubuchon, qui devait lui donner dix enfants dont quatre fils. François fonda un foyer à Montréal en 1713 avec Marie-Geneviève Pelletier (12 enfants); en 1728, François-Antoine épousa Marie-Madeleine Coulon de Villiers, mais une seule fille naquit de cette union et elle décéda en bas âge. Un troisième fils, Pierre, servit en Louisiane et ne semble pas avoir de descendants. Le quatrième, Guillaume-Charles, ne vécut que quelques jours.

François Lefebvre Duplessis-Faber sollicita divers postes de prestige, mais ne semble pas en avoir obtenu aucun. Pourtant, il demandait la Croix de Saint-Louis depuis douze ans quand elle lui fut octroyée, mais il était décédé depuis deux mois, en 1712. Son fils, François, fut major à Montréal, commanda le fort de la Baie-des-Puants (Green Bay, Wisconsin), puis celui de Michillimakinac, dans la région des Grands Lacs.

Chez les Lefebvre, une demi-douzaine d'ancêtres normands

Avant d'aborder ce deuxième volet des nombreux pionniers portant le patronyme de Lefebvre qui ont fondé des foyers en Nouvelle-France, nous nous en voudrions de ne pas mentionner Gabriel Lefebvre dit Lataille, qui nous est venu de la paroisse Saint-Laurent de Paris. Fils de Nicolas et de Marie Josse, il épousa à Champlain, en 1689, Louise Duclos, fille de François et de Jeanne Cerisier.

Le couple eut 14 enfants, baptisés à Batiscan, et au moins trois des fils se marièrent à leur tour: Jacques-François en 1719 avec Catherine Lemaître, Joseph en 1724 avec Marie-Jeanne Lafond et Jean-Baptiste en 1730 avec Marie-Josèphe Papilleau.

Le premier Lefebvre originaire de Normandie se prénommait Pierre. Fils de Nicolas et de Marie Vauvorin, il était de Villers-sur-Mer, près de Pont-L'Évêque. En 1656, à Québec, il unit sa tragique destinée à celle de Marie Châtaigné, fille de Nicolas et de Catherine Sionnel. Hélas, il fut trouvé mort à Beauport en 1687. Son épouse lui avait donné deux filles et un seul fils, prénommé Jean-Baptiste. Or ce fils, qui était dit Chartrand, s'allia en 1685 à Marie Crête, fille de Jean et de Marguerite Gaulin, et devint père de seize enfants. Au moins cinq de ses fils fondèrent des foyers: Jean-Baptiste en 1719 avec Marie-Charlotte Rainville, Joseph en 1720 avec Marie Parent, Claude la même année avec Marie-Thérèse Parent, Jacques en 1724 avec Marie-Josèphe Parent, sœur de Marie, et Alexandre en 1726 avec Marie-Geneviève Parent. Avec deux autres colons, Jean-Baptiste avait acheté l'arrière-fief de la Cloutièrerie, dans la seigneurie de Beauport.

En 1669, le tonnelier Thomas Lefebvre, de Rouen, épousait à Sillery Geneviève Pelletier, fille de Nicolas et de Jeanne de Vouzy et veuve de Vincent Verdon. Douze enfants naquirent de cette union, dont cinq fils. Trois d'entre eux fondèrent des familles: Pierre en 1696 avec Marie Savard, Thomas en 1707 avec Hélène Gonthier et Gabriel en 1712 avec Marie-Jeanne Grouard. En mai 1703, le père obtenait du gouverneur de Callière la seigneurie de Pentagouet, en Acadie, «pour y faire un établissement». Peut-être voulait-il tout simplement y exploiter un poste de pêche, et non s'y installer à demeure. On le désignait alors comme interprète de la langue abénaquise. Quand il décéda, ce sont les trois fils mentionnés plus haut qui héritèrent de la seigneurie.

Deux autres Lefebvre prénommés Pierre nous vinrent, l'un de Bois-Guillaume, un bourg situé tout de suite au nord de Rouen, et l'autre de Caen, dans le Calvados. Le premier, fils de Robert et de Jeanne Autin, épousa à Laprairie, en 1673, Marguerite Gagné, fille de Pierre et de Marguerite Rosée et veuve de Martial Sauton. C'est à Laprairie même que le couple se fixa. Ses dix enfants y furent baptisés et au moins quatre fils se marièrent : Joseph-François en 1703 avec Marie Testard, Pierre en 1711 avec Louise Brosseau, François en 1712 avec Marie Surprenant et Joseph-Laurent en 1717 avec Marie-Geneviève Beaudin.

L'autre Pierre, venu de Caen, avait un frère, Robert, qui était domestique au séminaire de Québec. C'est d'ailleurs dans cette région qu'il éleva sa famille. En 1674, il conduisait à l'autel Madeleine Trudel, fille de Jean et de Marguerite Thomas, qui lui donna huit enfants. Le couple se fixa à Charlesbourg où, en 1681, le pionnier mettait quinze arpents de terre en valeur et possédait trois bêtes à cornes et une cavale.

Le couple Lefebvre/Trudel eut huit enfants, dont deux fils : Pierre épousa Élisabeth Beaumont en 1717 et Joseph-Charles, Marguerite Bourbeau en 1730. Les deux fils s'établirent aussi à Charlesbourg.

Mais nous ne sommes pas encore au bout de... nos Pierre. En effet, Pierre Lefebvre dit Ladouceur, fils de Guillaume et de Marie Grandeval, originaire de Grez-en-Bouère, un chef-lieu de canton de la Mayenne, a épousé à Neuville, en 1688, Marie Marcot, fille de Nicolas et de Martine Tavrey et veuve de Michel Lhomme. Le couple eut neuf enfants tous nés à Neuville, dont cinq fils qui tous se marièrent : Pierre en 1720 avec Catherine Grignon, Guillaume en 1723 avec Marie-Angélique Richard, Nicolas en 1725 avec Marguerite Godbout, Jean-Baptiste la même année avec Marie-Louise Gignac et le benjamin, Louis-Joseph, en 1735 avec Marie-Madeleine Richard.

Deux autres Lefebvre, des frères, vinrent en Nouvelle-France depuis la Normandie. Ils étaient originaires de Bacqueville (ne pas confondre avec Bacqueville-en-Caux, près de Dieppe, ni avec Blacqueville, au nord de Rouen), une toute petite commune du département de l'Eure, arrondissement des Andelys. Si l'on va de Paris à Rouen par la N 14, on l'effleure juste avant de franchir l'Andelle, une petite rivière qui se jette dans la Seine. On n'est plus qu'à une vingtaine de kilomètres de Rouen.

À Rouen, l'église Saint-Vincent, où l'ancêtre Thomas Lefebvre a été baptisé, ne subsiste plus que par ce portail: elle a été détruite par les bombardements au cours de la guerre.

L'église de Bois-Guillaume, au nord de Rouen, où fut baptisé Pierre Lefebvre, un pionnier de Laprairie.

Edmond et Louis Lefebvre étaient les fils de Jean et de Nicole Leroux. Le premier fut valet de chambre puis maître d'hôtel du gouverneur de Frontenac. Plus tard, il devint aubergiste. Le 27 septembre 1700, à Québec, il épousait Marie-Agnès Maufay, fille de Pierre et de Marie Duval. À ce moment-là, le comte de Frontenac était décédé depuis près de deux ans. Le couple Lefebvre-Maufay eut quatre enfants, dont deux fils. Le premier ne vécut que quelques mois et le second, François-Marie, épousa Charlotte Marié en

197

1730; une dizaine d'enfants naquirent de cette union, mais il semble que tous soient morts en bas âge.

Quant à Louis, qui était dit Duchouquet, il conduisit à l'autel, le lendemain du mariage de son frère, mais à Montréal, Angélique Perthuis, fille de Pierre et de Claude Damisé. Ce couple fut plus prolifique que le précédent. Il eut quatorze enfants dont six fils. Au moins trois de ceux-ci fondèrent des foyers, et le généalogiste Tanguay les mentionne. Louis-Joseph, qui fut garde-magasin au fort Frontenac, épousa Céleste-Alberte Petit-Boismorel à Montréal en 1729; le père de celle-ci, Jean Petit sieur de Boismorel, avait été substitut du procureur fiscal de Montréal et sergent de la garnison de la ville. En 1748, Louis-Joseph contracta une seconde union avec Élisabeth Lemire, veuve de René Bissonnet. En 1745, Pierre prit pour compagne de vie Marie-Josèphe Langlois, fille de Jacques et de Marie Toupin. Enfin, en 1748, Joseph conduisit à l'autel Marie-Josèphe Saucier, fille de Charles et de Marie-Rosalie Bouchard.

En terminant, comment ne pas rappeler, pour l'anecdote, la persévérance dans le conjungo d'un capitaine de milice de Vaudreuil, Jean-Baptiste Lefebvre dit Lasiseraye, qui conduisit six femmes à l'autel: Rosalie Dicaire (1778), Archange Daoust (1785), Eugénie Gauthier (1794), Ursule Sabourin (1799), Marie-Amable Genus (1800) et Marguerite Charlebois (1814). Il décéda en 1826, à l'âge de 78 ans, et entra ainsi pour la dernière fois en l'église Saint-Michel de Vaudreuil.

Nos Légaré appartiennent
à une célèbre famille d'orfèvres

Les Légaré du Québec sont pour la plupart issus d'une famille d'orfèvres fort réputée originaire de Chaumont, un important chef-lieu de l'actuel département de Haute-Marne, que l'on désignait sous l'appellation de Chaumont-en-Bassigny, dans l'ancienne province de Champagne. Un généalogiste de Rueil-Malmaison, M. Armand de Chassey, a recensé pas moins d'une trentaine d'orfèvres de cette famille qui ont pratiqué leur art entre le milieu du XVIe siècle et le début du XIXe. Deux d'entre eux ont été orfèvres de Louis XIV aux galeries du Louvre, à Paris. L'un d'eux, Gilles, a été la souche de la famille canadienne de ce nom.

Bien que né à Chaumont-en-Bassigny, Gilles Légaré, nous disent les registres, était d'Amiens, en Picardie. C'est là, vers 1654, qu'il épousa Marguerite Fontaine; il s'agissait de son second mariage. Gilles n'est pas venu au Canada. C'est son épouse qui franchit l'Atlantique, avec un fils, Nicolas, qui avait vu le jour vers 1655. En 1681, les recenseurs notent la présence dans la seigneurie de Villemur (aujourd'hui Berthierville) du couple Jacques Girard/Marguerite Fontaine, qui cultive sept arpents et possède cinq bêtes à cornes. Veuve, Marguerite s'était remariée à Sorel. Elle devait contracter une troisième union, en 1684, à Repentigny, avec Pierre Ratel. Cependant ces deux derniers mariages demeurèrent sans postérité.

Si c'est à Sorel que Marguerite fut conduite à l'autel, lors de son deuxième mariage, c'est sans doute parce qu'elle habitait chez son fils, Nicolas, qui mettait 14 arpents de terre en valeur dans la seigneurie de Pierre de Saurel.

En 1690, à Québec, Nicolas épousait Anne Dupré, fille d'Antoine et de Marie-Jeanne Guérin. Le couple eut huit enfants, dont quatre fils. Famille relativement peu nombreuse pour l'époque, dira-t-on, mais, ce qui était rare, tous les enfants ont fondé des foyers, et un seul fut sans progéniture.

Le couple se fixa à la pointe Lévy, de sorte que le baptême des premiers enfants figure aux registres de la paroisse de Lauzon. Quatre fils virent le jour d'affilée. Tout d'abord, Jean-Baptiste, le 29 novembre 1690. En 1721, au Château-Richer, il épousait Angélique Cloutier, fille de Jean et de Louise Bélanger, qui lui donna cinq enfants ; la mère décéda en 1731 et, l'année suivante, Jean-Baptiste contractait une seconde union, avec Thérèse Roussin, fille de Nicolas et de Madeleine Tremblay et veuve de Louis Goulet, qui fut mère de trois filles.

On ne sait quand naquit le deuxième fils, Pierre. En 1729, il conduisait à l'autel, au Château-Richer, Marie-Anne Charland, fille de Joseph et d'Anne Gagnon ; l'union fut sans postérité, mais en 1734, Pierre se remaria avec Marie-Catherine Henné dite Lepire, fille de Jacques et de Geneviève de Lespinay (6 enfants dont 4 fils).

En 1726, toujours au Château-Richer, le troisième fils, Joseph, fondait un foyer avec Marie-Suzanne Déry, fille de Maurice et de Madeleine Philippeau (6 enfants dont 4 fils). Enfin, en 1724, à Repentigny cette fois, le quatrième des fils, Nicolas, épousait Marguerite Beaudoin, fille de Guillaume et de Marie-Anne Baudreau (4 enfants).

Le couple Légaré-Dupré eut ensuite quatre filles pour la bonne mesure et, à l'exemple de leurs frères, celles-ci fondèrent des foyers, contribuant à répandre des patronymes fort populaires: Toupin, Gravel, Cloutier et Martel.

L'aînée, Anne, unit sa destinée à celle de Joseph Toupin en 1726 (5 enfants); devenue veuve, elle accepta Pierre Duval comme second conjoint en 1748, mais le couple demeura sans progéniture. La deuxième fille, Louise, se laissa conduire à l'autel en 1729 par Guillaume Gravel, à qui elle donna trois enfants; elle décéda en 1732.

C'est dans les registres du Château-Richer que l'on trouve les actes de baptême des deux autres filles: ceux de Rosalie et de Marie. Hélas, la première décéda après quelques mois de mariage; en 1730, elle épousait Zacharie Cloutier et elle n'eut le temps que de lui donner une fille décédée en bas âge; elle fut elle-même inhumée au début de mars 1732. Marie fut plus favorisée par le sort: en 1732, elle épousa Louis Martel et lui donna six enfants.

Bien que né en Champagne, c'est d'Amiens que nous vint l'ancêtre Nicolas. Capitale de la Picardie, Amiens est célèbre pour sa cathédrale Notre-Dame (XIIIe-XVe s.).

La famille Légaré est intimement liée à l'histoire de la peinture. L'un des fils de Pierre Légaré et de Marie-Catherine Henné, Jean-Baptiste, s'allia à la famille Roy-Audy, en 1763, en épousant Marie-Josèphe Roy-Audy. On connaît plusieurs portraits que brossa le menuisier et peintre Jean-Baptiste Roy-Audy. Mais en ce domaine le mieux connu est le peintre Joseph Légaré, que l'ancien premier ministre du Québec P.-J.-O. Chauveau désignait comme le «père des Beaux-Arts au Canada». Fils de Joseph et de Louise Routier, il vécut de 1795 à 1855. C'est comme copiste qu'il attira tout d'abord l'attention, mais il devait se révéler à la fois personnel et novateur dans le portrait et le paysage. On connaît de lui près de 300 tableaux. Certains le considèrent comme l'initiateur de la peinture paysagiste canadienne. À Québec, rue Sainte-Angèle, une inscription identifie depuis 1990 la maison qu'il s'était fait construire. De nos jours, deux arrière-petits-fils, les artistes peintres Jérôme (frère mariste), de Chicoutimi, et Jean-Paul Légaré, marchent sur ses traces.

Un autre membre de la famille Légaré s'est distingué, mais en un domaine différent. Jean-Louis Légaré était un descendant direct, à la sixième génération, du

Ce tableau de Joseph Légaré fait partie des collections du Musée du Québec. Il représente l'incendie du quartier Saint-Jean, à Québec, dans la nuit du 28 juin 1845, une conflagration qui réduisit en cendres quelque 1 300 maisons.

pionnier Nicolas. Comme plusieurs compatriotes, il alla mener une vie aventureuse dans les plaines de l'Ouest américain pour se fixer finalement au nord de la frontière, là où devait se constituer Willow Bunch (Saskatchewan). Sa droiture lui valut l'entière confiance des Métis.

En 1877, le réputé chef sioux Sitting Bull se réfugiait au Canada avec ses guerriers après avoir taillé en pièces l'armée du général Custer. La présence des Sioux en territoire canadien constituait une menace pour la paix. Grâce à son excellente réputation, Légaré parvint à négocier leur retour au sud de la frontière. Il les y accompagna par groupes, le fier Sitting Bull faisant partie de la dernière caravane.

En 1970, on procéda, à Willow Bunch, au dévoilement d'un monument à la mémoire de ce fils de Saint-Jacques-l'Achigan, fondateur de cette localité de la Saskatchewan et, reconnaît l'inscription, «l'homme de confiance et le porte-parole des Indiens et des Métis».

Chez les Lemoine, des ancêtres normands et orléanais

Dès que l'on mentionne les familles Le Moyne ou Lemoine, on songe à celle de l'aubergiste dieppois Charles Le Moyne, qui a donné d'illustres fils à la Nouvelle-France, dont Pierre Le Moyne d'Iberville. Dans ce chapitre, nous parlerons plutôt de quatre pionniers qui s'établirent dans la colonie et comptent de nos jours plusieurs descendants. Ceux-ci épellent leur patronyme de deux façons: Lemoine et Lemoyne.

Jean et Pierre Lemoine, deux frères, contractèrent mariage à Québec en 1662 et 1673 respectivement. Ils étaient fils de Louis et de Jeanne Lambert, de Pitres, localité située tout près d'une boucle de la Seine, à environ 18 km au sud-est de Rouen. Si l'on se rend dans cette dernière ville depuis Paris par la N 15, on franchit le fleuve à Pont-de-l'Arche. Dès après se présente la D 321 qui, sur la droite, conduit à Pitres.

À Québec, donc, le 24 juillet 1662, Jean Lemoine épouse Marie-Madeleine de Chavigny, fille de François et d'Éléonore de Grandmaison. Cette dernière est une habile femme d'affaires, sans doute aidée en cela par les actifs hérités de ses conjoints car, en cette année

205

1662, elle est déjà mariée en troisièmes noces. Elle redeviendra veuve et se laissera conduire à l'autel une quatrième fois. Le père de Marie-Madeleine avait été son deuxième mari. L'entreprenante Éléonore ouvrira sans doute de prometteuses portes à son gendre.

Jean était déjà aux Trois-Rivières en 1656, puisqu'il y agissait comme témoin à un mariage le 16 septembre. Il s'y adonne au lucratif commerce des fourrures tout en mettant une terre en valeur. Lors du recensement de 1667, il cultive vingt-cinq arpents au Petit-Cap-de-la-Madeleine et possède cinq têtes de bétail.

Le 3 novembre 1672, l'intendant Talon concède à Jean Lemoine deux fiefs qui prendront le nom de seigneurie de Sainte-Marie. Le domaine est situé entre le Cap-de-la-Madeleine et La Pérade. Il mesure trois quarts de lieue de front sur le Saint-Laurent par une demi-lieue de profondeur. Lors du recensement de 1681, le couple y est bien installé : il cultive quarante arpents et possède vingt bêtes à cornes. Huit enfants grandissent sous le toit familial.

Le couple Lemoine/de Chavigny eut dix enfants. Deux seulement des fils, semble-t-il, fondèrent des foyers : Jean-Alexis et René-Alexandre.

Après avoir obtenu sa seigneurie, le père se fit désigner comme sieur de Sainte-Marie et construisit son manoir sur l'île des Pins, en face de son domaine. René-Alexandre sera fidèle à la tradition paternelle et prendra le surnom de sieur Despins. En 1702, il achète un arrière-fief dans la seigneurie de Boucherville et s'emploie à le mettre en valeur, tout en s'adonnant au commerce des fourrures. Il comptera même comme associé Claude de Ramezay, gouverneur de Montréal, qui assistera à son mariage, le 2 février 1712, avec Marie-Renée Boulanger, fille de Pierre et de Marie-Renée Godefroy.

Le couple Lemoine/Boulanger eut une dizaine d'enfants, mais la mortalité infantile en faucha la moitié. Un fils, Jacques-Joseph, amassera une fort importante fortune et, sous le régime anglais, jouera un rôle politique; quatre de ses enfants épouseront des conjoints anglo-saxons, dont Guillaume-Henri, qui s'unira à Mary Lindsay. On retrouve d'ailleurs ces deux noms dans l'église du Château-Richer, au haut d'une inscription qui identifie les personnages inhumés dans le tombeau de la famille Le Moine des Pins, que recouvre une dalle de marbre noir. Guillaume-Henri s'était installé au Château-Richer en 1815. Pour plus de renseignements à ce sujet, consulter l'étude signée Roger Le Moine dans les *Mémoires* de la Société généalogique canadienne-française (n° 183, p. 5).

Quant à Jean-Alexis, le frère de René-Alexandre, il tourna complètement le dos à la vie seigneuriale et s'adonna strictement au commerce des fourrures, se faisant désigner comme sieur de Monière. Il contracta deux mariages, tout d'abord en 1715 avec Abigail Kimball, une jeune Anglaise capturée dans le Massachusetts par des Amérindiens, puis en 1725 avec Marie-Josèphe de Couagne, fille de Charles et de Marie Godé. Huit enfants naquirent de ces unions.

Nous n'avons évoqué jusqu'ici que la mémoire de Jean Lemoine. Voyons maintenant le cheminement de son frère, Pierre, qui était dit Lavallée. Le 15 octobre 1673, il épousait à Québec Catherine Mignault, fille de

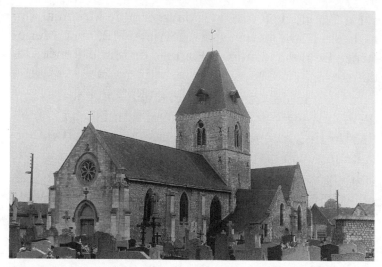

L'église de Pitres, située à environ 18 km au sud-est de Rouen. C'était la paroisse des frères Jean et Pierre Lemoine.

Jacques et de Marie Paugouet. Le couple se fixa à Batiscan où, semble-t-il, sont nés ses huit enfants, dont six fils. Malgré le nombre élevé de ceux-ci, les chercheurs ne leur ont découvert aucune progéniture. Selon le généalogiste René Jetté, deux décédèrent à l'âge de 25 ans et on perd la trace de deux autres, alors que Jean et Louis ont embrassé le métier de pilote. Louis prit femme à La Rochelle en 1714. Les deux filles, cependant, fondèrent des foyers: Marie en 1693 avec le Parisien Sébastien Marignier et Marie-Catherine, en 1712, avec le navigateur Jean Cachelièvre.

Il nous reste à faire connaissance avec Nicolas et François Lemoine.

Nicolas Lemoine, fils d'un sergent de Rouen, épouse à Lachine, le 8 janvier 1684, Marguerite Jasselin, fille du maître maçon parisien Jean Jasselin et de

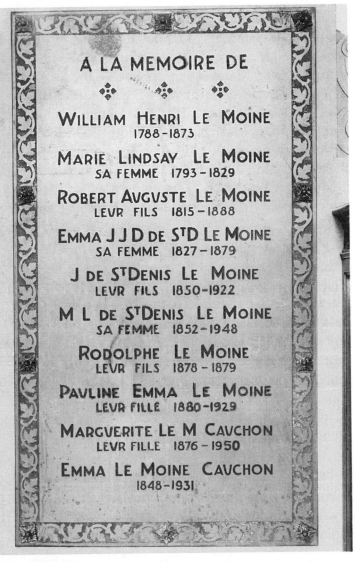

Dans l'église du Château-Richer, sur la côte de Beaupré, cette plaque comporte les noms des personnes inhumées dans le tombeau de la famille Le Moine des Pins, que recouvre une dalle de marbre noir armoriée.

Catherine Gillet et veuve de Mathurin Lelièvre. Le couple eut six enfants, dont deux fils, des jumeaux, qui décédèrent peu après leur naissance. Trois des filles se sont mariées. Marie-Anne épousa François Bienvenu dit Delisle, veuf de Geneviève Charron dite Laferrière, et lui donna 11 enfants. Marie-Marguerite choisit pour compagnon de vie Jacques de Niort dit Jolicœur et fut mère de huit enfants. Catherine devint l'épouse de Pierre Bertrand dit Desrochers, tout d'abord soldat puis meunier, et lui donna dix enfants dont six fils, le premier né à Montréal, et les autres, à Laprairie et à Varennes.

Le dernier de nos quatre pionniers du XVIIe siècle, François Lemoine dit Jasmin, était originaire d'Orléans. Il épousa tout d'abord, en 1693, à l'île d'Orléans, Barbe Guillemet, et fut père d'un fils et d'une fille, puis, en 1697, à Québec, Marie Olivier, qui fut mère de huit enfants. Deux fils de ce couple fondèrent à leur tour des foyers: Noël en 1725 avec Jeanne Chauvin, fille de Jean et de Marie Courtois, et Pierre, qui était dit François, avec Geneviève Bouthillet, en 1730. Le premier des deux couples eut quatre enfants, et le second, dix.

Quelle est l'origine du patronyme Lemoine? Marie-Thérèse Morlet, dans son *Dictionnaire étymologique des noms de famille*, écrit qu'il s'agit d'un nom de dignité employé comme sobriquet: au Moyen Âge, les moines étaient souvent des fils de familles nobles.

Jean-Bernardin Lesage, un ancêtre venu du Piémont

Le premier Lesage qui fonda un foyer en Nouvelle-France portait un surnom qui suggère son origine : il s'appelait Jean-Bernardin Lesage dit le Piedmontois. Dès le XIe siècle, le Piémont appartint à la maison de Savoie, mais c'est seulement au XVe siècle que le premier duc de Savoie l'annexa, et Turin devint sa capitale. De nos jours, le Piémont est une région du nord-ouest de l'Italie ; il est formé par une partie des Alpes et de la plaine du fleuve Pô.

Fils de Jean-Martin Lesage et de Catherine Bretel, Jean-Bernardin était de la paroisse Sainte-Marie de la ville de Cavour, archevêché de Turin. L'abbaye Sainte-Marie, qui date du XIe siècle, existe toujours, avec sa crypte romane. L'agglomération, qui compte 5 000 habitants, est adossée à une petite montagne, la *Rocca*, qui surgit de la plaine environnante et qui est classée parc naturel. La ville évoque la mémoire d'un prestigieux personnage, Camillo Benso, comte de Cavour, le principal artisan de l'unité italienne.

Le 8 janvier 1686, à la Pointe-aux-Trembles de Neuville, Jean-Bernardin fondait un foyer avec Marie-

Barbe Sylvestre, fille de Nicolas et de Barbe Neveu, et c'est à Neuville que le couple se fixa: là naquirent les huit premiers enfants. La seigneurie où Jean-Bernardin avait choisi de s'établir avait tout d'abord été connue sous le nom de Dombourg, celui de son premier pro-priétaire, Jean-François Bourdon de Dombourg, fils de l'arpenteur Jean Bourdon, mais en 1680, Nicolas Du-pont, sieur de Neuville, membre du Conseil souverain, s'en porta acquéreur et s'employa à la mettre en valeur.

C'est une fille qui fut la figure de proue de la famille. Marie-Françoise naquit en 1690; elle épousa le maçon Jean-Paul Daveluy dit Larose et fut mère de six enfants. Le premier des fils, Nicolas, vit le jour en 1692. En 1714, à Québec, il conduisait à l'autel Marie-Françoise Paris, fille de François et de Marie Rabouin. Mme Claude Lesage, de l'île Perrot, a noté la naissance de treize enfants issus de ce couple, dont trois fils fon-dèrent à leur tour des foyers: Bernardin avec Marie-Marguerite Laroche (1750), Joseph-Marie avec Rose Matte (1754) et Jean-Baptiste avec Angélique Moris-sette (1758). En 1759, au Cap-Santé, Nicolas contrac-tait une seconde union, avec Thérèse Lamothe, fille de Jean-Baptiste et de Marie-Françoise Glinel et veuve de François-de-Sales Motard. De ce ménage naquirent quatre enfants, et c'est à l'âge de 75 ans que Nicolas fut père pour la dernière fois.

Deux filles s'ajoutèrent ensuite à la famille Lesage/ Sylvestre: Marie-Louise en 1694 et Marie-Catherine deux ans plus tard. La première épousa à Québec, en 1716, Jean Sullière (Sustier) et lui donna une douzaine d'enfants. La seconde décéda à l'âge de 13 ans.

Quatre fils naquirent ensuite. Tout d'abord, Jean-Baptiste, en 1698. À l'âge de 19 ans, à Sainte-Anne-de-

Beaupré, il joignait sa destinée à celle de Marguerite Barrette, fille de Pierre et de Marie-Madeleine Bélanger. Le couple se fixa à L'Assomption et en 1753 un fils y vit le jour, également prénommé Jean-Baptiste; hélas, la mère décéda le lendemain. En 1726, le veuf contracta une seconde union, avec Marie-Madeleine Allard, fille de Pierre et de Marie-Madeleine Pinel, qui devait lui donner douze enfants.

Le couple Lesage/Sylvestre eut la douleur de perdre trois fils nés après Jean-Baptiste: Étienne, un autre fils prénommé Jean-Baptiste et François-de-Sales. Une fille devait rompre cette suite de deuils. Marie-Scholastique, née à Québec en 1706, épousa Pierre Piché, à qui elle devait donner 16 enfants.

Le prénom Jean-Baptiste était certes populaire chez les Lesage. En 1708, un sixième fils naissait au couple Lesage/Sylvestre, et ce nouveau Jean-Baptiste conduisit à l'autel, à Beauport, en 1729, Marie-Madeleine Baugis, fille de Jean et de Thérèse Parent. Hélas, Madeleine décéda après moins de trois mois de mariage. L'année suivante, le veuf contracta une autre union, avec Marie-Jeanne Lamothe, fille de Jean et d'Anne Bruneau. Les dictionnaires généalogiques leur attribue un fils prénommé... Jean-Baptiste!

Enfin, le couple Lesage/Sylvestre eut deux autres enfants, Marie-Catherine et Charles-Jean-Baptiste, qui décédèrent en très bas âge.

Aux Trois-Rivières, en 1709, un autre Lesage fonde une famille. Les généalogistes ne s'entendent pas quant à son origine. Était-il de Québec? N'était-il pas plutôt originaire de Beaumont-le-Roger, en Normandie? Et ce qui ne facilite pas les recherches, il se prénommait lui aussi Jean-Baptiste, fils de Jean et de Marguerite Roussel. Sa compagne est Marie-Josèphe de Gerlaise, fille de Jean-Jacquet de Gerlaise dit Saint-Amant et de Jeanne Trudel. Jean-Jacquet de Gerlaise fut un pionnier de Louiseville, où d'ailleurs se fixa le jeune couple. Selon le généalogiste René Jetté, huit enfants dont quatre fils naquirent de cette union entre 1711 et 1728: Prisque, Pierre, Marie-Anne, Ursule, Jean-Baptiste, Marie-Josèphe, Marie-Louise et Louis. Malheureusement, les dictionnaires généalogiques ne nous renseignent pas sur les ménages qu'ils ont fondés. Notons que Jean-Jacquet de Gerlaise était originaire de Belgique et que le patronyme Desjarlais découle du sien.

L'abbaye Sainte-Marie, à Cavour, dans le Piémont. Elle date du XIe siècle. Jean-Bernardin Lesage était originaire de la paroisse Sainte-Marie.

La population de Cavour est de 5 000 habitants. La ville s'étend au pied de la Rocca, une petite montagne qui surgit de la plaine et que les autorités ont classée parc naturel.

Au moins trois autres Lesage sont passés en Nouvelle-France. Lors du recensement de 1667, un certain Louis Lesage, âgé de 49 ans, vit sur la côte de Beaupré. Il est le fermier de Jean Guyon, sieur Dubuisson, le premier arpenteur formé en Nouvelle-France, et met trois arpents en valeur. Il a pour voisins Antoine Gaboury et Daniel Perron. On ne croit pas, cependant, qu'il ait fondé une famille.

À Montréal, le 12 février 1716, on enterre Jean Lesage dit Champagne, âgé de 30 ans, un soldat de la compagnie de Saint-Pierre, mais il semble ne laisser personne pour le pleurer.

Enfin, en 1750, à Québec, le menuisier Nicolas-Joseph Lesage, originaire du diocèse d'Arras, en Artois, épousait Marie-Madeleine-Louise Brassard, fille de Jean-Baptiste et de Marie-Geneviève Hubert et veuve de Ferdinand-Henri Delleur.

Plusieurs personnalités ont fait honneur au patronyme Lesage, dont Jean Lesage, qui fut premier ministre du Québec. Son nom a été donné à l'autoroute 20.

L'ancêtre David Létourneau, meunier de Mgr de Laval

Les Létourneau sont relativement nombreux au Québec, surtout si l'on note qu'ils descendent tous d'un même ancêtre venu de Saintonge au XVIIe siècle. On trouve près de 800 abonnés portant ce patronyme dans l'annuaire téléphonique de la région de Montréal. Un autre pionnier de ce nom était à Montréal, en 1680, mais, cette année-là, à l'âge de 22 ans, il mourut accidentellement lorsqu'un arbre tomba sur lui. L'acte de sépulture épelle son nom: Estourneau. Il avait un surnom: L'Angoumois.

Quant à David Létourneau, qui compte de nos jours une belle descendance, il signait Lestourneau. Sous la forme ancienne de Lestournel, le patronyme était répandu en Normandie. Marie-Thérèse Morlet, spécialiste de l'étymologie des noms de famille, écrit qu'il était issu de *sturnellus*, mot latin signifiant *étourneau*, sobriquet d'un individu étourdi.

Étourdi, David Létourneau ne l'était sûrement pas, car ce n'est pas à une tête de linotte que Mgr de Laval aurait confié la conduite de ses moulins! On verra d'ailleurs qu'il a su gérer son propre patrimoine en bon père de famille.

David était de la paroisse Saint-Xiste de Muron. Ce bourg de l'ancienne Saintonge est aujourd'hui une commune du département de Charente-Maritime, située sur la D 911, à mi-chemin entre Surgères et Rochefort. Muron eut son église dès la fin du VIIIᵉ siècle ou le début du IXᵉ, mais celle qu'on y voit de nos jours n'est certes pas aussi ancienne. Elle a sûrement été transformée au fil des siècles, et elle a beaucoup souffert des guerres de Religion. Sa façade, ornée d'une fenêtre circulaire, s'appuie sur deux piliers faisant office d'arcs-boutants, surmontés chacun d'une levrette. Le portail a été reconstruit sur les fondations de l'ancien, et le clocher, de forme carrée, date de 1827.

En 1640, à Muron, David Létourneau épouse Sébastienne Guéry, dont on ignore autant l'origine que l'identité de ses parents. Selon les dictionnaires généalogiques, deux fils naquirent de cette union: David et Jean, mais, écrit un descendant de l'ancêtre, M. Jacques Létourneau, une fille, Marie, aurait vu le jour en 1641, puis les fils, en 1642 et 1645 respectivement.

Devenu veuf, David contracta une seconde union, avec Jeanne Baril, fille de François et de Catherine Ligneron. Lorsqu'il s'embarque pour le Canada, David laisse derrière lui son épouse, qui viendra le rejoindre plus tard. À ce moment-là, une fille est née, Élisabeth, et peut-être un fils, Philippe. Nous écrivons «peut-être» pour la bonne raison que nous ignorons le moment précis du départ: était-ce peu avant ou peu après cette deuxième naissance? Aucun acte d'engagement n'a été retrouvé à son sujet, ce qui permettrait d'être plus précis.

Toujours selon M. Jacques Létourneau, David aurait fait l'acquisition, en arrivant, d'une terre de quatre arpents de front sur quarante de profondeur, sur la côte de Beaupré, la deuxième à l'est de la petite rivière du Saut-à-la-Puce. Le pionnier avait amené avec lui ses deux fils nés du premier mariage, David et Jean, alors âgés respectivement de 16 et 13 ans.

Vers 1665, Jeanne Baril franchit l'Atlantique avec deux enfants issus de son mariage avec l'ancêtre David: Élisabeth et Philippe.

En 1664, Mgr de Laval avait acquis les parts de six des huit associés de la Compagnie de Beaupré, alors propriétaire de la seigneurie de ce nom. Quatre ans plus tard, il achetait celles des deux autres, devenant ainsi le seigneur de ce vaste domaine. Le 10 mars 1668, l'évêque confiait par bail à David Létourneau les deux moulins qui trituraient les blés des censitaires. L'un était mû par l'eau et était situé au nord-est de la rivière du Saut-à-la-Puce; on en aurait trouvé les fondations en 1958 à la faveur de travaux. Quant à l'autre, situé à quelque deux kilomètres plus loin, c'est le vent qui faisait tourner ses moulanges.

Son métier de meunier suffisait sans doute à occuper tout le temps de David, car lors du recensement de 1667, il ne met pas sa terre en valeur, contrairement à ses voisins. Il a un domestique, René Bin, âgé de 21 ans. Il a bien installé ses fils, David et Jean, sur des terres de l'île d'Orléans. Deux autres enfants naîtront au couple Létourneau/Baril: Jacques, en 1667, et Gabriel, trois ans plus tard.

David, le fils, épousa au Château-Richer, en 1664, Françoise Chapelain, fille de Louis et de Françoise Dechaux, qui lui donna treize enfants, et douze d'entre eux fondèrent des foyers, ce qui constitue une proportion remarquable quand on songe au haut taux de mortalité infantile à cette époque. Quatre des cinq fils se marièrent comme suit: Louis (1696) avec Anne Blouin, fille d'Émery et de Marie Carreau (14 enfants dont 8 fils); Bernard (1698) avec Marie Rocheron, fille de Gervais et de Marie-Madeleine Guyon (une fille et un fils), puis (1703) avec Hélène Paquet, fille de René et d'Hélène Lemieux et veuve de Pierre Jinchereau (9 enfants dont 3 fils); Jacques (1709) avec Marguerite Blouin, sœur d'Anne (sans postérité); et Jean (1706) avec Marguerite Caron, fille de Robert et de Marguerite Cloutier (12 enfants dont 5 fils). Dès 1667, le fils David était solidement établi dans l'île d'Orléans. Il y mettait douze arpents en valeur et possédait huit têtes de bétail. L'une des filles du couple Létourneau/Chapelain se fit religieuse et les autres s'allièrent à de jeunes hommes nommés Charland, Gaulin, Morisset, Gagnon et Leblond.

L'église de Muron, dans l'actuel département de Charente-Maritime, n'a conservé que peu de caractéristiques du monument originel. Elle a beaucoup souffert des guerres de Religion.

Depuis 1979, cette stèle, en forme de livre ouvert, rend hommage au pionnier David Létourneau et à ses fils, sur la terre ancestrale, au 3 660 du chemin Royal, à Sainte-Famille, île d'Orléans.

Quant à Jean, qui était tailleur d'habits, il épousa, en 1668, Jeanne-Claude de Boisandré, veuve de Louis Lachaise, qui ne lui donna pas d'enfants, puis (1673) Anne Dufresne, fille de Pierre et d'Anne Patin, dont il eut cinq enfants. Un seul fils, également prénommé Jean, fonda un foyer (1711) avec Marguerite Asselin, fille de Pierre et de Louise Baucher (un fils et une fille), puis (1715) avec Anne Gendron, fille de Jacques et de Marie-Anne Charland (8 enfants dont 5 fils).

Voilà pour les deux fils nés du premier mariage de l'ancêtre David. Deux autres fils issus du second mariage fondèrent des foyers : Philippe (1683) avec Marie-Madeleine Simon, fille de Hubert et de Marie Vié (sans postérité) puis (1685) avec Marie-Madeleine Vallée, fille de Jean et de Marie Martin (2 enfants décédés en bas âge). Jacques, frère de Philippe, unit sa destinée (1694) à celle d'Angélique Guyon, fille de Joseph et de Geneviève Cloutier (9 enfants dont 4 fils).

Le 6 juin 1994, des descendants du meunier Létourneau ont dévoilé une stèle à sa mémoire dans le cimetière communal de Muron.

Un couple parisien, principale souche des Martel

Le patronyme Martel évoque à la fois les preux chevaliers et les modestes artisans. Le terme désignait autrefois une masse d'armes, une arme de choc à la tête garnie de pointes, d'où le surnom de Charles Martel qui, en 732, combattit les Sarrazins à Poitiers. Par ailleurs, on donna plus tard le nom de martelle à un outil de fer propre à battre, à forger.

Deux frères portant ce patronyme et originaires de Labastide-Clairence, un bourg de la région de Bayonne, sont arrivés en Nouvelle-France peu avant la fin du XVIIe siècle. Pierre-Gratien Martel, sieur de Berhouague, fut marchand à Québec et eut deux fils qui s'intéressèrent à l'exploitation des ressources naturelles du Labrador. Le benjamin, Pierre, y décéda célibataire, semble-t-il; l'autre, François, fut commandant pour le roi au Labrador en 1714 et ne se maria qu'à son retour en France. Quant à Raymond, le frère de Pierre-Gratien, qui était lui aussi marchand, il acheta la seigneurie de Lachenaie avec Augustin LeGardeur de Courtemanche, qui fut lui aussi commandant au Labrador. Il épousa à Batiscan, en 1697, Marie-Anne Trottier, qui lui donna cinq enfants, dont trois fils, mais on est d'avis que sa descendance ne s'est perpétuée que du côté des femmes.

Il est certain, en tout cas, que nos familles Martel descendent essentiellement d'un couple d'origine parisienne.

Honoré Martel dit Lamontagne, fils de Jean et de Marie Duchesne, nous est venu de la paroisse Saint-Eustache, dont l'église est considérée comme le plus beau monument religieux de Paris après Notre-Dame. Il est arrivé à Québec le 30 juin 1665 comme soldat de la compagnie de Berthier au régiment de L'Allier. Le 26 novembre 1668, à Québec, il épousait une concitoyenne, la Parisienne Marguerite Lamirault, de la paroisse Saint-Germain-l'Auxerrois, dont l'église vaut aussi une visite, car c'est l'un des plus anciens lieux de culte établis sur la rive droite de la Seine.

La jeune épousée, dont le père, François Lamirault, avait été cocher de la reine, était une fille du roi. Lors de son arrivée à Québec, en 1668, elle apportait des biens évalués à 300 livres.

Deux mois avant son mariage, Honoré avait conclu un accord avec le colon Jacques Larchevêque pour la mise en valeur d'une superficie de trois arpents de la terre de ce dernier. En troquant le mousquet contre la hache, il allait se faire des muscles pour son propre établissement. Dès 1670, en effet, il se portait acquéreur d'un bien-fonds sur les bords de la rivière Saint-Charles. Son ambition dépassait-elle ses possibilités? En 1673, ne pouvant faire honneur à ses obligations, il priait le vendeur, le riche marchand Charles Aubert de La Chesnaye, de reprendre la terre. Celui-ci lui avait loué une *mère à laict*, une vache, pour une période de trois ans : déjà, les deux premiers fils du couple étaient nés.

Au cours des mois suivants, Honoré Martel vécut probablement des fruits de son métier, car il était charpentier. En 1674, il achetait une nouvelle terre d'un peu plus de deux arpents de front sur quarante de profondeur, cette fois dans la seigneurie de Dombourg (Neuville). Deux autres enfants virent le jour à Québec avant le nouvel emménagement. Il devait en naître huit à Neuville.

Vers 1688, la famille revient à Québec. La santé d'Honoré est sans doute chancelante : il sera hospitalisé quatre fois à l'Hôtel-Dieu. C'est à Québec que naîtront les 13e et 14e enfants.

Cinq des huit fils du couple Martel/Lamirault se marièrent : Jean, dit Jean-François, en 1695, avec Marie Vanier, fille de Guillaume et de Madeleine Bailly (8 enfants dont 5 fils) ; Joseph-Alphonse, en 1701, avec Marguerite Groinier, fille de Nicolas et de Marie Bouet (12 enfants dont 6 fils) ; Paul, en 1698, avec Madeleine Guillot, fille de Vincent et d'Élisabeth Blais (14 enfants dont 8 fils) ; Antoine, en 1706, avec Catherine Guillot, sœur de Madeleine (11 enfants dont 7 fils) ; et Jean, en 1712, avec Jeanne Roulois, fille de Michel et de Catherine Drouin (3 enfants dont 2 fils).

Cinq des six filles du couple fondèrent aussi des foyers : Marie-Madeleine en 1696 avec Louis Loisel, Marguerite en 1695 avec Louis Courault, Anne en 1699 avec Charles Rognon, Marie-Anne en 1708 avec Thomas Ferré puis en 1727 avec François Boucher, et

La façade principale de l'église Saint-Eustache ouvre sur la petite rue du Jour. Elle n'a aucun rapport architectural avec le reste de l'édifice, car elle remplace l'originelle qu'il fallut démolir. Plus banale que la première, on en posa la première pierre en 1754.

Marie-Thérèse en 1714 avec Guillaume Hoguenet dit Argencourt.

Nous ne saurions passer sous silence Jean Martel, d'origine inconnue, arrivé à Québec en 1672 en qualité de garde du gouverneur Buade de Frontenac et qui obtint la seigneurie de Magesse, en Acadie. Certains auteurs, en se basant sur le généalogiste Tanguay, lui prêtent une abondante progéniture: il aurait contracté quatre mariages et aurait été le père de 29 enfants! Le ballon a été dégonflé par Mme Florence Fernet-Martel dans les *Mémoires* de la Société généalogique canadienne-française (vol. X, nos 1 et 2, p. 75). En fait, il ne se maria qu'une fois et au moins deux de ses fils firent carrière dans l'administration: Jean-Urbain Martel, sieur de Bellevue, fut employé au bureau de l'intendance et Jean-Baptiste-Grégoire Martel, sieur de Saint-Antoine, fut écrivain au magasin du roi, à Québec, précise le généalogiste René Jetté.

Évoquons enfin la mémoire d'un autre homonyme, Étienne-Joseph Martel, originaire d'Offranville, non loin de Dieppe. Cet aubergiste, qui passa toute sa vie à Montréal, y contracta deux mariages, le premier en 1695, avec Antoinette Boucher, fille de François et d'Anne Lépine, et le second en 1703, avec Marie-Anne Brébant, fille de Pierre et d'Anne Goupil. Dans chaque

L'église Saint-Eustache est de structure gothique. On la considère comme le plus beau monument religieux de Paris après Notre-Dame. Ses proportions sont considérables: 100 mètres de long, 43 de large et 33,50 de hauteur. Le moderne Forum des Halles lui sert de décor.

cas, l'aubergiste fut père de six enfants. Deux du premier lit et quatre du second endeuillèrent le foyer peu après leur naissance. Quatre filles et deux fils ont survécu ; on ne sait si ceux-ci ont eu des descendants. Ils se prénommaient Antoine et François-Joseph, nés respectivement en 1697 et en 1705. L'une des filles, l'aînée, Marie-Anne, épousa le marchand François Deblé et lui donna sept enfants.

Le triste sort qui décima le ménage de l'aubergiste illustre bien le taux de la mortalité infantile qui fauchait les familles à cette époque.

Nos Martin comptent de nombreuses familles-souches

À prime abord, c'est un véritable défi que de vouloir rappeler en quelques lignes la mémoire des pionniers portant le patronyme Martin et qui ont fondé des foyers en Nouvelle-France. Avant la fin du XVIIe siècle, pas moins de quinze d'entre eux se sont mariés, la plupart à Québec ou à Montréal.

Un seul est venu de France avec son épouse. Il se prénommait Abraham et était dit L'Écossais. Sa compagne lui donna neuf enfants, dont Eustache, le premier Canadien de naissance, Hélène, qui eut pour parrain nul autre que Samuel de Champlain, et Charles-Amador, le deuxième prêtre né en Nouvelle-France. Abraham était pilote royal et il s'était fixé au sommet du cap aux Diamants, sur ces plaines célèbres qui portent son prénom. Les filles d'Abraham assurèrent sa descendance, notamment Marguerite, qui épousa le charpentier Étienne Racine et fut mère de dix enfants dont huit se marièrent à leur tour. On ne connaît aucune progéniture aux fils d'Abraham.

Plusieurs des quinze autres pionniers venus en Nouvelle-France n'eurent que peu de fils ou pas du tout. Antoine Martin dit Montpellier, dont le surnom évoque sa ville d'origine, épousa à Québec, en 1646, Denise Sevestre, fille de Charles et de Marie Pichon. Trois fils naquirent de cette union. Un seul, Antoine, devait être père. En 1690, il épousa Jeanne Cadieu, fille de Charles Cadieu dit Courville et de Madeleine Macard, puis, en 1699, Marie Bonnet, fille de Mélaine et de Marie Bisson. Antoine eut dix enfants dont quatre fils; un de ceux-ci, Joseph, eut un nombre égal d'enfants, mais d'un seul mariage, avec Marie-Charlotte Bédard.

Pierre Martin dit Larivière, l'un des engagés qui arrivèrent à Ville-Marie en 1653, conduit à l'autel, en 1660, Marie Pontonnier, qui a déjà eu pour époux Pierre Gadois, mais dont le mariage avait été déclaré nul deux mois plus tôt. Il n'allait avoir qu'une fille posthume, car il fut victime des Iroquois peu après, le 24 mars 1661.

En 1656, le laboureur Joachim Martin, originaire d'Aytré, non loin de La Rochelle, s'embarquait pour Québec. Six ans plus tard, il contractait un premier mariage demeuré sans postérité. En 1669, il jetait son dévolu sur Anne-Charlotte Petit, fille de Pierre et de Catherine-Françoise Desnaguez. Trois fils issus de cette union se marièrent à leur tour: Louis en 1700 avec Louise Raté, fille de Jacques et d'Anne Martin (10 enfants dont 6 fils); François-Lucien en 1710 avec Marie-Françoise Autin, fille de François et de Marie Boucher (12 enfants dont 7 fils); et Jean-Baptiste, aussi en 1710, avec Marie Genest, fille de Jacques et de Catherine Doribeau (sans postérité).

En 1663, le matelot Charles Martin, qui venait soit de Normandie, soit de Saintonge, épousait à Montréal

Catherine Dupuis, fille d'André et de Catherine Duval, de la paroisse parisienne de Saint-Germain-l'Auxerrois. Le couple eut dix enfants, dont cinq fils; après s'être établi à Sorel, il se fixa à Boucherville. D'un deuxième mariage, Charles eut un fils, prénommé Léger, qui fonda aussi un foyer à Boucherville.

Ce fut ensuite un Poitevin, Pierre Martin, né à Sainte-Verge, non loin de Bressuire, une commune de l'actuel département des Deux-Sèvres, qui voulut pousser de profondes racines en Nouvelle-France, mais il n'a pas assuré la pérennité de son patronyme. Marié en 1664 à Joachine Lafleur, fille de Charles et de Jeanne Gachet, il n'eut qu'un seul fils qui demeura célibataire, semble-t-il; les filles épousèrent des colons dont les noms de famille sont répandus au Québec: Boyer, Chiasson, Custeau, Bernard et Morand.

En 1670, deux Normands fondèrent des foyers à quelques semaines d'intervalle et, tout comme le Martin précédent, se prénommaient Pierre. Le premier, fils de Jean Martin et de Marie Duchesnon, épousa à Québec Anne Poitron, fille de Pierre et de Jeanne Thibierge, et fut père de trois filles, dont l'une seulement fonda un foyer (1689), avec Jacques Charpentier. Le second, fils de Pierre Martin et de Marie Martine, choisit pour compagne Marie Buot, fille de Nicolas et de Louise Bourbon, du Château-Richer; le couple eut dix enfants dont cinq fils, tous nés dans l'île d'Orléans.

Massé Martin, originaire de l'évêché de Luçon, au Poitou, épousa vers 1678, à Bécancour, Thérèse David, fille de Claude et de Suzanne de Noyon, qui lui donna cinq filles et un fils qui contracta deux mariages et se fixa à Varennes; ce fils eut lui-même six fils, nés entre 1716 et 1730.

La famille de François Martin dit Langevin fréquentait cette église Saint-Thomas, à La Flèche. On y trouve de nos jours la précieuse statue de Notre-Dame du Chef-du-Pont, devant laquelle, selon les documents anciens, Jérôme Le Royer de La Dauversière eut la «vision» qui lui inspira le projet de la fondation de Ville-Marie.

Le Loir, à La Flèche. C'est tout près d'ici, du petit port du Pré-Luneau, que partirent pour la Nouvelle-France la centaine de défricheurs et d'artisans qui devaient sauver la vacillante Ville-Marie, en 1653. Un peu sur la droite domine le clocher de l'église Saint-Thomas, où fut baptisé l'ancêtre François Martin dit Langevin.

François-Mathieu Martin de Lino fut sans doute le mieux connu des pionniers Martin venus en Nouvelle-France, car il occupa des postes prestigieux: procureur du roi, lieutenant général de l'Amirauté, membre du Conseil souverain, etc. En 1697, on lui octroya en Acadie une seigneurie qui prit son nom. Originaire de Lyon, il conduisit à l'autel, à Québec, en 1685, Catherine Nolan, fille de Pierre et de Catherine Houart. Il fut père de dix-sept enfants, dont douze fils, mais cinq moururent en bas âge, deux allèrent se marier à La Rochelle et un huitième se fit prêtre.

Nous devons nous limiter à évoquer la mémoire des autres pionniers qui ont fondé des foyers au XVIIᵉ siècle. Nous les énumérons en citant leur lieu d'origine, le nom de leur ou de leurs conjointes, selon le cas, l'année de chaque mariage et l'importance numérique de la famille.

François Martin dit Langevin, de La Flèche (Anjou), Catherine Goyer (1685), fille de Mathurin et de Barbe Lefebvre (9 enfants), et Catherine Fourrier (1712), veuve de Jean Bousquet (sans postérité).

Pierre Martin dit Langoumois, de Ruffec (Angoumois), Marie-Madeleine Lemieux, fille de Gabriel et de Marguerite Leboeuf (9 enfants).

Nicolas Martin dit Jolicœur, de Saintes (Saintonge), Angélique Bacon (1696), fille d'Eustache et de Louise Guimond (3 enfants), et Marie-Madeleine Lareau (1703), fille de François et d'Anne de Quain (4 enfants).

Pierre Martin dit Ladouceur, de Bergerac (Périgord), Marie-Anne Limousin (1696), fille de Hilaire et d'Antoinette Lefebvre (17 enfants).

Yves Martin dit Pelland, un Breton, Marie Piet (1699), fille de Jean et de Marguerite Chemereau (6 enfants).

Ces cinq pionniers ont eu ensemble près de 50 enfants dont une vingtaine de fils. Or, le généalogiste René Jetté, dans son précieux *Dictionnaire généalogique des familles du Québec*, n'en mentionne que cinq qui se soient mariés.

Les Massicotte, une famille pionnière de Batiscan

Le seul ancêtre de cette famille qui soit venu en Nouvelle-France au cours du XVIIe siècle signait «Massicot», une épellation qui prévalut pendant quelques générations. C'est vers le début du siècle dernier que la prononciation populaire doubla la dernière consonne pour en faire une syllabe muette. De nos jours, la presque totalité des descendants du pionnier signent «Massicotte».

D'où venait Jacques Massicot? Très probablement du Gicq, en Charente-Maritime. Dans son acte de mariage, il se dit «de la paroisse de Saint Pierre du Gist». Or, il n'existe aucune commune de ce nom. Le comédien Aubert Pallascio, dont la mère est née Massicotte, a pu consulter à Saintes *Paroisses et Communes de France (Charente-Maritime)*, un ouvrage signé Philippe Hercule et publié sous l'égide du Centre national de recherches scientifiques. On y lit que la toponymie du lieu a beaucoup évolué. On écrivait jadis *Le Giste*. Il semble donc que l'énigme soit résolue. Malheureusement, précise un historien de la région, M. J.-H. Gardrat, les registres paroissiaux de l'évêché de Saintes sont disparus sous la Terreur: on en a fait un autodafé.

Le Gicq se trouve à quelque 25 km à l'est de Saint-Jean-d'Angély, d'où la D 939 conduit à Varaize; ici débute la D 132 qui touche le Gicq 14 km plus loin.

Jacques Massicot était le fils de Jacques et de Jeanne Landry. On ne sait quand il arriva dans la colonie, mais il est permis de croire qu'une tante ne fut pas étrangère à sa décision de franchir l'Atlantique. Sa mère avait une sœur, Louise, qui, à Québec, le 26 septembre 1667, s'était mariée à Pierre Content, qui était alors domestique chez Pierre Trottier, au Cap-de-la-Madeleine. Le couple Content/Landry se fixa à Batiscan, et c'est là que, le 2 juillet 1696, le neveu, Jacques Massicot, épousait Marie-Catherine Baril, fille de Jean et de Marie Guillet. Or, ni Pierre Content ni son épouse n'ont signé l'acte de mariage; le premier était peut-être déjà disparu, car sa mort est survenue entre 1694 et le 28 décembre 1697, à Batiscan; quant à sa femme, elle devait être déjà malade, car elle fut inhumée en décembre 1697.

Le 1er avril 1694, Content, qui n'a pas encore de progéniture après 27 années de mariage, signe son testament, faisant de son épouse l'héritière de ses biens. Le regretté archiviste É.-Z. Massicotte croit que le jeune couple Massicot/Baril vécut tout d'abord sur la terre des Content. Le jeune colon n'était pas démuni, loin de là. Son épouse avait apporté dans sa corbeille nuptiale la somme de 500 livres tournois, deux vaches et des meubles en avancement d'hoirie sur sa succession future. Quant à lui, sa tante devait en faire son héritier à la condition qu'il fît chanter 32 messes pour le repos de son âme.

Mais Jacques Massicot ne se contenta pas du bien-fonds dont il hérita de sa tante. Le 10 octobre 1697, les

Jésuites lui cédaient une terre de six arpents de front, sur la rivière Batiscan, un secteur qui s'ouvrait alors à la colonisation. Il devait jouir d'une certaine considération, car les autres concessions n'avaient que la moitié de cette largeur.

Les registres de la paroisse de Batiscan se sont ouverts dès 1679, de sorte qu'on y trouve les actes de baptême des douze enfants du couple Massicot/Baril. C'est tout d'abord une fille, Marie-Louise, qui naît en 1697; en 1729, elle épousera Pierre Bourbeau, mais les dictionnaires généalogiques ne mentionnent pas leur progéniture. Survient une deuxième fille en 1698, Catherine, qui épousera en 1715 Antoine Trottier et lui donnera quatorze enfants. Un premier fils, Jean, né en 1701, choisira pour compagne en 1725 Marie-Louise Trottier, qui sera mère d'un seul fils; en 1731, il contracte une seconde union, avec Angélique Vallée, fille de Charles et de Marie-Ursule Gendras, qui lui donnera quatre fils et trois filles.

En 1702 naîtra Marie-Anne Josèphe qui, en 1724, fondera un foyer avec Alexis Morand; douze enfants naîtront de cette union. Un deuxième fils, Jacques, voit le jour en 1704; il deviendra en 1729 l'époux de Marie-Josèphe Trottier, la sœur de Marie-Louise, mentionnée plus haut; le couple aura cinq enfants, dont deux fils. Marie-Jeanne, née en 1706, ne semble pas s'être mariée, et la suivante, Marie-Angélique, née en 1708, dut mourir jeune, car une seconde fille de même prénom vit le jour en 1717, mais les dictionnaires généalogiques ne mentionnent rien d'autre à leur sujet.

Le troisième des fils, Joseph, fut au nombre des jeunes hommes de son époque à s'engager pour un

L'église Saint-Pierre du Gicq, où l'ancêtre Jacques Massicot aurait été baptisé. Les registres paroissiaux de l'évêché de Saintes sont disparus sous la Terreur.

séjour dans l'Ouest en vue de la traite des fourrures; né en 1710, il partit à l'âge de 20 ans; répéta-t-il l'expérience? En 1750, on trouve un certain Massicot de Batiscan, qui, avec neuf autres solides avironneurs, part pour l'établissement de Détroit. Joseph ne semble pas s'être marié.

François, né en 1713, contracta deux unions, la première avec Marie-Angélique Béland, en 1739, puis, en 1752, avec Marie-Josèphe Cotin; trois fils et cinq filles naquirent du premier mariage, et un fils et deux filles du second. Le dernier des fils, Antoine-

François-Xavier, qui avait vu le jour en 1715, conduisit à l'autel, en 1738, Marie-Renée Vallée, la sœur d'Angélique, deuxième épouse de son frère Jean; une seule fille naquit de ce mariage. Enfin, la dernière de la famille, Marie-Anne, née en 1719, allait devenir en 1745 la deuxième épouse de Bonaventure Sauvageau, mais elle décéda en 1756, sans progéniture.

Nous avons dit que l'ancêtre Jacques avait bénéficié d'une attention spéciale de la part des Jésuites, car ils lui avaient concédé un domaine ayant deux fois la largeur des autres terres donnant sur la rivière Batiscan. M. É.-Z. Massicotte, que nous avons déjà cité, écrit

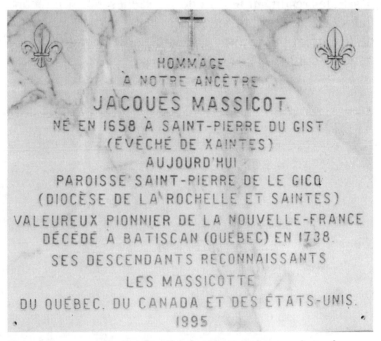

Comme beaucoup d'autres familles, les Massicotte ont voulu rendre hommage à leur ancêtre Jacques. Ils ont fait graver cette inscription qui, dans l'église Saint-Pierre du Gicq, rappellera sa mémoire aux générations futures.

239

qu'un petit-fils du pionnier, François Massicot, eut à soutenir un procès pour démontrer la validité de ses titres, ce que reconnut le Conseil supérieur. Au début du siècle dernier, les héritiers subirent un autre procès quant à la véritable étendue du domaine qui, selon des documents anciens, se terminait «aux poissons blancs»; or, c'est ainsi que l'on désignait jadis une tribu d'Attikameks dont les terres étaient situées dans le nord du comté de Champlain.

M. É.-Z. Massicotte a été pendant plusieurs années le conservateur des Archives judiciaires du district de Montréal, et nous lui devons un nombre considérable d'articles résumant le fruit de ses recherches. En reconnaissance de l'importance de ses travaux, l'Université de Montréal lui accorda en 1936 un doctorat ès lettres *honoris causa*.

Six ancêtres sont à l'origine de nos Monette

Au point de vue étymologique, il existe un certain *cousinage* entre les patronymes Lemoyne et Monette. On devine facilement que le premier est issu du mot *moine,* un sobriquet datant du Moyen Âge, alors que les moines étaient souvent des fils de familles nobles, pourvus de revenus appréciables. Or, il en est résulté des diminutifs, dont *Moinet, Moinat, Moinot* et *Moinon.* Les premiers ancêtres de nos familles Monet et Monette étaient des Moinet et signaient ainsi.

Le 31 octobre 1678, à la Pointe-aux-Trembles, Jean Moinet, qui allait plus tard adopter le surnom de Boismenu, épousait Thérèse Glory, fille de Laurent et de Jacqueline Lagrange. Il était fils d'une famille de Dampierre-sur-Boutonne. Son père, prénommé Michel, avait choisi pour compagne de vie une jeune fille de Cognac, en Saintonge, Marie Bretelle. La Boutonne est une charmante rivière de l'ancien Poitou, un affluent de la Charente. Elle arrose une région recherchée par les fervents de loisirs au grand air.

On ne sait quand exactement ce pionnier poitevin arriva en Nouvelle-France, mais il s'y trouvait dès

1665, car, cette année-là, il abjurait le protestantisme à Québec. Lors des recensements de 1666 et 1667, on le trouve aux Trois-Rivières puis au Cap-de-la-Madeleine où il travaille comme domestique. En 1674, il songe à épouser une jeune Montréalaise, Marie Galbrun, mais le contrat est annulé; serait-ce parce que Marie n'a pas encore onze ans? Ou parce qu'elle a été marquée par une double épreuve? Son père a été trouvé mort dans son champ, et sa mère, pendue pour le meurtre de son mari.

Vers 1677, la famille Glory s'était établie à Rivière-des-Prairies. Jean Moinet en fit autant lors de son mariage, car c'est là que naquit le premier enfant du couple, Nicolas, en 1683. C'était l'époque héroïque: la paroisse ne devait y être fondée qu'en 1687, et encore fallut-il l'abandonner cinq ans plus tard à cause de la menace iroquoise.

M. Robert Monette, secrétaire de l'Association des descendants des Monet et Monette d'Amérique, nous a confié une intéressante documentation sur les six pionniers de ce nom qui ont fait souche dans la colonie. Nous nous en inspirerons pour évoquer leur progéniture.

Le couple Monet/Glory eut quatre enfants dont trois fondèrent à leur tour des familles. Nicolas épousa à Longueuil, en 1708, Jeanne Viau, fille de Jacques et de Thérèse Robin (dix enfants). Jean conduisit à l'autel à Rivière-des-Prairies, en 1709, Madeleine Drapeau, fille de Jean et de Françoise Pilet (13 enfants). La seule fille, Catherine, unit sa destinée à celle de Maurice Bériault en 1711. Le père décéda en 1701.

Ce sont deux frères Moinet, originaires de l'Angoumois, qui s'établirent ensuite dans la région de Montréal. Antoine et Jean étaient fils de Laurent et de Louise Petit. Le premier, semble-t-il, était né à Angoulême même, et le second, non loin de Confolens.

Dès 1681, Antoine est à Montréal, car il y signe un contrat d'engagement. Trois ans plus tard, soit le 10 avril 1684, il passe sous seing privé un contrat de mariage avec Françoise Hurtault, fille de Jean et de Françoise de La Haye. Le couple, tout comme le précédent, se fixe à la Rivière-des-Prairies où, l'année suivante, il reçoit une concession de soixante arpents, mais quelques mois plus tard, il la vend pour s'installer sur une autre, à la Longue-Pointe. Lorsqu'en 1731 les seigneurs dressent l'aveu et dénombrement de l'île de Montréal, Antoine y possède soixante arpents de terre labourable et huit de prairie, avec maison, grange et étable.

Trois des quatre enfants du couple Moinet/La Haye se marieront. Jean-Baptiste, né en 1695, épousera en 1720, à Boucherville, Louise Beau (Lebeau), qui lui donnera dix enfants, dont quatre garçons et trois filles qui fonderont également des familles. Marie-Françoise et Anne se laisseront conduire à l'autel, en 1708, par Jean Régnier dit Brion et Jacques Fissiau dit Laramée, respectivement.

Jean, le frère d'Antoine, est aussi à Montréal en 1681, où il est domestique chez les Sulpiciens. Ceux-ci, huit ans plus tard, lui accordent une concession de quarante arpents à la côte Saint-Paul. Le 5 novembre 1693, il épouse Jeanne Badel, fille d'André et de Barbe Duchesne; André Badel dit Lamarche, d'origine suisse, était venu dans la colonie avec le régiment de Carignan.

La commune de Dampierre-sur-Boutonne est certes très ancienne, comme en témoigne son église. Dès l'année 1045, le seigneur de Dampierre en concédait les revenus à une abbaye voisine.

Le couple eut cinq enfants, dont une fille, Jeanne, dite Marie, qui fut mère de deux enfants naturels. Des quatre fils, trois contractèrent mariage: François, le 1er février 1718, avec Geneviève Gougeon, fille de Pierre et de Catherine Danis (10 enfants), Louis, le 7 janvier 1723, avec Marie Gougeon, sœur de Geneviève (6 enfants), et Jacques, le 6 novembre 1730, avec Françoise Trottier, fille de Joseph et de Jeanne Robillard (4 enfants) puis, le 26 juin 1752, avec Thérèse Sarrazin (sans progéniture).

On ne connaît pas l'origine de François Monet dit Laverdure qui, vers 1699, unit sa destinée, à Laprairie, à celle de Marie Dumas, fille de René et de Marie Lelong. Il était soldat et devait participer à la campagne contre Deerfield, Nouvelle-Angleterre, en 1704. Cinq ans plus tard, il achetait une terre de quatre-vingt-dix

Le château de Dampierre-sur-Boutonne est considéré comme l'un des plus beaux de la Renaissance saintongeaise. Il date du début du XVIᵉ siècle et il est flanqué de deux grosses tours à mâchicoulis. Les visiteurs y admirent de nos jours des meubles précieux et des tapisseries des Flandres.

arpents ayant front sur la rivière de la Tortue. Le couple eut huit enfants, dont quatre fils qui se marièrent à leur tour à Laprairie : Pierre (1730) à Élisabeth Corse, François (1732) à Élisabeth Dumontet (fille d'Élisabeth Corse), Jean-Baptiste dit François (1735) à Élisabeth Cusson et Jean (1739) à Marie-Agathe Poissant.

Élisabeth Corse avait été faite prisonnière, à l'âge de huit ans, en Nouvelle-Angleterre, par les Abénaquis, qui l'épargnèrent. Baptisée à Montréal, elle fut accueillie à Laprairie, et c'est en secondes noces qu'elle s'unit à Pierre Monet.

Signalons, pour terminer, l'arrivée en Nouvelle-France de deux autres ancêtres, mais au XVIIIe siècle. Soldat du Royal-Roussillon, Martin Monet dit Bellehumeur, fils de Jean-Baptiste et de Rose Viotard, originaire de Pernes, Comtat Venaissin (aujourd'hui Pernes-les-Fontaines, département de Vaucluse), épouse à Verchères (1757) Marie-Josèphe Boisselles, fille de Charles et de Thérèse Daudelin. Le couple aura deux enfants.

Enfin, le caporal Antoine Monet dit Lamarche, originaire du Limousin, contracte deux mariages : le premier (1752) avec Marguerite Hus-Laventure, à Montréal, et le second (1757) avec Marie-Anne Riel dite l'Irlande, à Contrecœur. Cinq enfants naquirent de ces deux unions.

Chez les Noël, un petit-fils
de fille du roi devenu seigneur

Le premier Noël qui se profile au seuil de nos annales n'eut hélas pas le temps de fonder un foyer, mais nous nous en voudrions de ne pas évoquer sa mémoire, car il fut un pionnier de Ville-Marie. C'était un serviteur du notaire Jean de Saint-Père. Or, le 29 octobre 1647, le jeune Jacques Noël travaillait à la couverture d'une chaumière avec son patron et le beau-père de celui-ci, Nicolas Godé, lorsqu'ils furent abattus par des Iroquois. «Il est bien sensible de voir périr les meilleurs habitants qu'on ait, rapporte Dollier de Casson dans son *Histoire du Montréal*, par des lâches infâmes qui, après avoir mangé leur pain, les surprennent désarmés et les font tomber comme des moineaux de dessus le couvert d'une maison.»

Jean Noël, fils de Jean et de Marie Bonin, originaire de Tonnay-Boutonne, non loin de Saint-Jean-d'Angély, en Charente-Maritime, connut un meilleur sort. En 1649, il épousait à Québec Suzanne Barbeau, fille de Jean et de Jeanne Godoin, qui lui donna quatre enfants, mais il devint veuf dès 1657 et une deuxième union fut sans postérité. Un fils né du premier mariage et aussi prénommé Jean fonda un foyer à

Sillery en 1671 avec Marguerite Sel, fille de Vincent et d'Anne Racourse; le couple eut deux enfants dont un fils, Jean, qui ne devait être père que d'une fille.

Le plus prolifique des Noël fut sans contredit un Poitevin, François Noël, qui fut domestique chez deux pionniers de l'île d'Orléans, Gabriel Gosselin et Jacques Roy. Fils de Pierre et d'Élisabeth Augustin, il était originaire de Chiré-en-Montreuil. Cette commune est située à une vingtaine de kilomètres à l'ouest de Poitiers. Depuis cette dernière ville, la N 149 conduit à Vouillé (17 km), d'où la D 62, empruntée sur la gauche, traverse Chiré (3,50 km).

Le 22 octobre 1669, François épousait une fille du roi, Nicole Legrand, originaire de la paroisse Saint-Sulpice du faubourg Saint-Germain (maintenant Paris). Elle était orpheline de père et, selon l'historien Yves Landry, avait apporté des biens estimés à 400 livres et une dot royale de 50 livres.

Le couple eut dix enfants. Il se fixa tout d'abord à Sainte-Famille, puis s'établit à Saint-Laurent, île d'Orléans.

L'aîné des fils, Philippe, né en 1670, épousa, le 5 novembre 1692, Marie Rondeau, fille de Thomas et d'Andrée Remondière (12 enfants); deux fils devaient se marier à leur tour, dont Philippe, qui fut seigneur de Tilly, comme quoi en ce pays neuf de la Nouvelle-France, le petit-fils d'une modeste fille du roi était en mesure de s'affirmer.

Le deuxième des fils du couple Noël/Legrand, François, qui avait vu le jour en 1675, conduisit à l'autel, le 9 février 1699, Catherine Brulon, fille de

Pierre et de Jeanne Baillargeon, mais le père décéda dès mars 1703, laissant une fille et un fils.

Le 11 septembre 1677 naissaient des jumeaux; la fillette décéda un mois plus tard, mais le garçonnet, Pierre, survécut. Le 5 novembre 1703, il unit sa destinée à celle de Louise Gosselin, fille de Michel et de Marie-Michèle Miville. Le couple éleva une nombreuse famille (13 enfants dont 6 fils).

En 1681, le 10 mai, un autre fils, Ignace, vit le jour. Le 7 novembre 1707, à Lauzon, il épousa Marie-Anne Huard, fille de Jean et d'Anne-Marie Amiot (10 enfants dont cinq fils; trois de ceux-ci devaient convoler en justes noces). Enfin, Michel, né le 26 mars 1683, choisit pour compagne de vie Agnès-Marguerite Garand, fille de Pierre et de Catherine Labrecque. Le couple échangea ses vœux le 22 février 1713 (8 enfants dont 3 fils; au moins un de ceux-ci devait se marier). Un autre fils, Jean-Baptiste, décéda en 1691 à l'âge de cinq ans.

Nous avons déjà noté que le couple Noël/Legrand avait perdu une fille, jumelle de Pierre. Une autre, Marguerite, décéda à l'âge de onze ans. L'aînée, Catherine, qui était dite Marguerite, devint l'épouse de François Chabot, en 1698, et lui donna trois filles. En 1706, elle contractait une seconde union avec Pierre Parent, et fut mère de huit autres enfants. Enfin, une autre fille, Madeleine, en cette même année 1706, se fit conduire à l'autel par Antoine Fortier et le fit père de neuf enfants.

Après douze années de mariage, François ne cultivait encore que cinq arpents et l'aîné de ses fils n'était encore âgé que de dix ans, mais il possédait cinq bêtes à cornes, selon le recensement de 1681. Il perdit son épouse en 1713 et décéda en 1725.

Un autre chef de famille de même patronyme, mais d'origine inconnue, Maurice Noël dit Labonté, épousa à la Pointe-aux-Trembles (île de Montréal) le 13 janvier 1699 Catherine Glory, fille de Laurent et de Jacqueline Lagrange. Le couple eut dix enfants dont cinq fils. Hélas, il perdit les deux premiers, Nicolas et Pierre, à l'âge, respectivement, de deux et de seize ans. Le troisième fils, Joseph, qui était dit Labonté comme son père, épousa en 1730 Marie-Anne Lauzon, qui lui donna dix enfants, dont trois fils. Quant aux quatrième et cinquième fils, Louis et Laurent, nous ignorons s'ils se sont mariés.

L'église de Chiré-en-Montreuil, située à une vingtaine de kilomètres de Poitiers. De puissants contreforts retiennent ses murs. C'était la paroisse de l'ancêtre François Noël.

Cinq lignes qui en disent long sur le prix du sang payé par les pionniers de Ville-Marie : « Le 29me d'octobre 1647 ont esté assassinés par les Iroquois Nicolas Godé, Me Menuisier aagé de 74 ans, Jean St Père son gendre agé de 39 ans et Jacques Noël leur serviteur aagé de trente deux ans et ont esté enterrés le mesme iour tous trois en un mesme sépulchre. »

Trois des cinq filles du couple Noël/Glory décédèrent en bas âge. Marie-Catherine épousa Jacques Desnoyers en 1724, et Marguerite-Louise, dix ans plus tard, Jean Forget, à qui elle donna trois fils et sept filles. Maurice Noël dit Labonté s'était établi dans l'île Jésus, à Saint-François, où naquirent presque tous ses enfants.

Il nous est également venu un Champenois portant le même patronyme, Pierre Noël, originaire de Sézanne, où avait vu le jour Jean Jolliet, le père de Louis, reconnu comme le découvreur du Mississippi. Pierre Noël épousa à Montréal, le 23 août 1729, Marguerite Dubois, fille de René et d'Anne-Julienne Dumont; elle était veuve de Michel Carle dit Larocque, un militaire qui avait été capitaine des portes de Montréal. Elle décéda sans postérité à la fin de mars 1742. Deux mois plus tard, Pierre Noël contractait une seconde union avec Marguerite Lefort, fille de Jean et de Marguerite Bourgery, qui lui donna trois enfants.

On sait bien sûr que le patronyme Noël évoque la grande fête qui marque l'anniversaire de la Nativité et qu'à cette occasion on lève son verre dans les réunions de famille. C'est peut-être ce que faisait volontiers un Montréalais d'origine parisienne décédé en 1750: il se nommait François Noël dit Prêt-à-Boire.

Chez les Paquin, un seul ancêtre venu de Normandie

L'automobiliste qui emprunte le pittoresque Chemin du Roy, entre les Trois-Rivières et Québec, aperçoit à Deschambault un monument fait de moellons cueillis dans les champs et liés par un mortier blanc, porteur d'une inscription que domine une fleur de lys: «Hommages à la foi et à la vaillance des ancêtres Paquin — 1672-1972». Ainsi s'exprime la reconnaissance des Paquin d'Amérique à l'égard de leur seul et unique souche: le Normand Nicolas Paquin.

Plusieurs de nos fondateurs de lignées étaient des ouvriers à la recherche de travail. Ils signaient généralement un contrat d'engagement pour une période de trois ans avant de s'embarquer pour la Nouvelle-France. On en retrouve un bon nombre dans les recensements. Après avoir servi leur employeur, ils décidaient souvent de s'établir à demeure dans la colonie et d'y fonder un foyer. Tel fut le cas de Nicolas Paquin.

Le 29 octobre 1672, l'intendant Talon concédait au sieur de la Bouteillerie une seigneurie de deux lieues de front sur le Saint-Laurent sur une lieue et demie de profondeur, soit «une lieue au-dessus et une lieue au-dessous de la rivière Houëlle icelle y comprise». Le nouveau seigneur était Jean-Baptiste-François Deschamps de la Bouteillerie, et ne nous étonnons pas de l'épellation de la rivière Ouelle : c'est Samuel de Champlain qui lui avait donné ce nom; c'était celui du sieur Houel, contrôleur des salines de Brouage, qui l'avait secondé dans ses efforts pour l'obtention des premiers missionnaires récollets.

Le seigneur avait déjà «commencé de faire valoir les intentions de Sa Majesté», ainsi que le reconnaît l'acte de concession. Dès le 13 avril 1672, son père, Jean, avait retenu à son intention, pour une période de trois ans, les services de Nicolas Paquin, menuisier à Grémonville, né à La Poterie-Cap-d'Antifer. Le seigneur lui versera 150 livres par an, dont une avance de 40 livres à son arrivée, lui fournira tous les outils nécessaires à l'exercice de son métier de menuisier, le nourrira et l'hébergera, et assumera les frais de son retour en France si c'est là son désir à la fin de l'engagement.

Nicolas Paquin, fils de Jean et de Renée Frémont, arriva donc en Nouvelle-France dans le cours de l'été de 1672. On sait peu de chose des trois années qu'il passa dans le seigneurie de la Bouteillerie, mais son seigneur n'eut pas à payer son voyage de retour : le 18 novembre 1676, il épousait au Château-Richer Marie-Françoise Plante, fille de Jean et de Françoise Boucher. Le contrat a été passé par-devant le notaire Paul Vachon le 20 octobre précédent, chez le père de la future épouse. Jean Plante versera une dot de 200 livres à sa fille à raison de 50 livres par année, de laquelle il soustraira la valeur d'un habit conforme à sa condition. La fiancée apportera aussi une vache laitière dans sa corbeille.

Le 8 septembre 1678, Nicolas se porte acquéreur d'une terre située dans la paroisse de Sainte-Famille, dans l'île d'Orléans, appartenant à Jean Moreau dit La Grange, mesurant trois arpents de front et s'étendant depuis le bras nord du fleuve jusqu'à la ligne qui démarque le centre de l'île.

Le couple y élèvera treize enfants, dont six — deux fils et quatre filles — devaient à leur tour fonder des familles. Les sept autres moururent soit en bas âge, soit sans contracter d'union.

L'aîné, Nicolas, devait, le 10 octobre 1705, épouser à Deschambault Marie-Anne Perrault, fille de Paul et de Marie Chrétien; sept enfants naquirent de ce mariage, dont cinq fils; Marie-Anne décéda en 1720 et Nicolas contracta une seconde union avec Thérèse Groleau, fille de Pierre et de Geneviève Laberge, qui lui donna deux autres fils.

Le benjamin, Jean-Baptiste, né en 1701 et qui était demeuré sur la ferme paternelle, devait aller souvent à Deschambault. Il y fit la connaissance de Marguerite Chapelain et l'y conduisit à l'autel le 4 février 1731; le couple eut trois fils et autant de filles.

Quatre filles du couple Paquin/Plante, avons-nous dit, se sont mariées: Marie, en 1708, avec Jean-Baptiste Marcot (une dizaine d'enfants); Geneviève, en 1711, avec François Nault (8 enfants); Marie-Madeleine, également en 1711, avec Jacques Perrault (12 enfants); et Marie-Anne, en 1720, avec Pierre Groleau (4 enfants).

Le couple Paquin/Plante finit ses jours dans l'île d'Orléans, menant une existence apparemment sans heurts quant à ses rapports avec les voisins. Lorsqu'en 1698 on fonda un comité pour venir en aide aux pau-

*L'église de La Poterie-Cap-d'Antifer. C'était la paroisse de Jean Paquin
et de Renée Frémont, où naquit Nicolas, l'unique ancêtre de tous les
Paquin d'Amérique.*

vres, c'est Nicolas qui fut nommé «directeur des passants», sans doute de ceux qui sollicitaient la charité des paroissiens. Son épouse et trois compagnes furent chargées de recueillir les aumônes.

Nicolas Paquin décéda le 16 décembre 1708, à l'âge de 60 ans, probablement usé par le travail. Il avait séjourné à l'Hôtel-Dieu en 1693. Le seigneur de la Bouteillerie n'avait pas respecté complètement ses engagements à son endroit. En 1700, il lui devait encore 180 livres, et Nicolas en fit don verbalement à sa paroisse de Sainte-Famille. C'est uniquement après sa mort que les marguilliers purent entrer en possession de la somme. Le seigneur lui-même était décédé en 1703, à la Rivière-Ouelle, et c'est à même sa succession que le montant fut versé. En échange, la fabrique s'engagea à faire dire annuellement quatre messes pour le repos de l'âme de Nicolas, de son épouse et de leurs enfants.

La veuve de Nicolas, Marie-Françoise, lui survécut près de dix-huit ans. Elle fut inhumée à Sainte-Famille le 18 avril 1726.

Si c'est à Deschambault et non dans l'île d'Orléans que l'Association des Familles Paquin a dédié une stèle à la mémoire des ancêtres, c'est que des descendants de Nicolas ont contribué à son essor.

La commune de La Poterie-Cap-d'Antifer est située sur la N 40, à 5 km au sud-ouest des réputées falaises d'Étretat, hautes de 60 à 80 mètres, qui consti-

À Deschambault, en 1975, l'Association des Paquin a dévoilé ce monument à la mémoire des descendants de l'ancêtre Nicolas qui ont contribué à l'essor de la région.

tuent l'un des sites les plus remarquables du littoral cauchois. Le pied des falaises n'est accessible qu'à marée basse. On y admire la porte d'Aval, une arche monumentale naturelle que recherchent les touristes amateurs de photographie.

Louis Pinard, archétype de nos premiers chirurgiens-paysans

Les documents consignés dans nos archives révèlent la présence de chirurgiens en Nouvelle-France dès les débuts de la colonisation. N'est-ce pas le chirurgien-barbier Sampson Ripault qui, à la demande de Jacques Cartier, pratiqua la première autopsie, à Québec, au printemps de 1536 sur le corps d'un scorbutique? Découvreurs et explorateurs tenaient à la présence d'un médecin avant de s'aventurer dans l'inconnu. En 1608, lors de la fondation de Québec, le chirurgien Bonnerme accompagnait Samuel de Champlain, mais il devait lui-même être victime du scorbut dès l'hiver suivant.

Robert Giffard, premier seigneur de Beauport, était lui-même chirurgien. Par la suite, il y eut toujours dans la colonie des disciples d'Esculape, mais ils ne pouvaient compter seulement sur leur art pour tirer leur épingle du jeu. Ils se faisaient paysans. Tel fut le cas de Louis Pinard. Il fit un premier voyage en Nouvelle-France et se plaça à la disposition des Jésuites, dont le *Journal* mentionne le retour à La Rochelle. Il s'embarqua à Québec le 23 août 1650, mais devait retraverser l'Atlantique quelques années plus tard pour se fixer définitivement dans la colonie.

Louis Pinard, fils de Jean et de Marguerite Gaigneur, avait vu le jour à La Rochelle en 1634. De l'église Sainte-Marguerite, où il fut baptisé le 12 juillet, il n'existe plus que la tour carrée, la façade et des fenêtres. Elle a été désaffectée, et le sommet de la tour culmine au-dessus d'une école. Le grand-père, également prénommé Louis, était un marchand de Cognac. C'est le fils, Jean, qui s'établit à La Rochelle. Son mariage avec Marguerite Gaigneur fut célébré en l'église Sainte-Marguerite.

Lorsque l'ancien *donné* des Jésuites se rembarque pour la Nouvelle-France, c'est avec le statut de chirurgien. Il passera toute son existence dans la région trifluvienne. C'est aux Trois-Rivières, le 11 juin 1657, qu'il signera un premier contrat de mariage par-devant le notaire royal Séverin Ameau avec Marie-Madeleine Hertel, fille de Jacques et de Marie Marguerie. C'est seulement le 29 octobre de l'année suivante que le missionnaire René Ménard, qui avait été supérieur de la résidence des Jésuites, bénit l'union. La jeune épousée (elle venait tout juste de fêter ses 13 ans) était la sœur de ce François Hertel qui allait connaître une carrière si prestigieuse que les historiens lui ont décerné le titre de «héros trifluvien». Louis Pinard était alors le chirurgien du fort, et il ne manqua sûrement pas de travail lorsqu'on songe au grand nombre de victimes que firent les Iroquois dans le secteur.

Louis eut six enfants de Marie-Madeleine. Tout d'abord une fille, Marie-Françoise, qui épousa Martin Giguère en 1682 et fut aussi mère de six enfants. Puis, deux fils, Claude et Louis. Le premier choisit pour compagne de vie Marie-Françoise Gamelin, fille de Michel et de Marguerite Crevier, en 1694 ; le couple se fixa à Saint-François-du-Lac et eut huit enfants dont deux fils. Louis fut père d'une plus grande famille encore, avec Marie-Madeleine Renou, fille de François et de Marguerite Crevier (la même que précédemment, qui était devenue veuve), qu'il épousa en 1698 : onze enfants dont cinq fils, tous nés à Saint-François-du-Lac. Louis avait ajouté à son patronyme le surnom de Lauzier.

Trois filles naquirent ensuite. Marguerite épousa, en 1692, François Reiche, un menuisier, charpentier et archer originaire du Languedoc. Le couple eut neuf enfants. Marie-Angélique se laissa conduire à l'autel, en 1699, par Pierre Niquet (un fils et une fille), puis, en 1705, par André Bonin dit Delisle (une fille et deux fils). On ne sait ce qu'il advint de Madeleine, que le généalogiste Tanguay ne mentionne pas, mais que René Jetté, dans un ouvrage plus récent, dit être née vers 1679, car on lui donne l'âge de deux ans lors du recensement de 1681.

Le chirurgien est sûrement retourné en France, car le Père Archange Godbout signale que, le 17 mai 1666, il est présent à La Rochelle, où il achète quarante-six paires de souliers neufs et signe deux obligations en faveur du maître cordonnier Pierre Micheau, l'une de 90 livres tournois pour cet achat, et l'autre, de 125 livres, résultant d'un emprunt. Louis Pinard ne devait pas rouler sur l'or, car s'il rentre avec autant de chaussures, c'est qu'il espère réaliser un profit par leur revente. Mais il a un parent, Guillaume Feniou, qui est marchand à Québec. Le chirurgien-paysan aurait-il une

L'église Sainte-Marguerite, à La Rochelle, existe toujours, mais elle est depuis longtemps désaffectée. De nos jours, le sommet de sa tour carrée domine une école.

Cette gravure ancienne de La Rochelle illustre à quel point le port grouillait d'activité. Les marchands de la ville commerçaient avec ceux de la Nouvelle France.

nouvelle fois traversé l'Atlantique pour effectuer des achats à son intention, à La Rochelle?

En tout cas, il était de retour la même année comme en fait foi le recensement de 1666. À ce moment-là, seule l'aînée des filles, Marie-Françoise, est née. L'année suivante, il figure au recensement du Cap-de-la-Madeleine. Il met alors vingt arpents en valeur, ne possède qu'une tête de bétail et emploie un serviteur âgé de 17 ans, Jacques Dubois.

Devenu veuf, Louis Pinard contracta une seconde union, en 1680. Le 25 novembre, il signait une entente à cet effet avec Marie-Ursule Pépin, par-devant le notaire Adhémar. Cette nouvelle épouse, fille de Guillaume Pépin et de Jeanne Méchin, était veuve de Nicolas Geoffroy, à qui elle n'avait donné qu'une fille. L'union fut célébrée le 30 novembre à Champlain par

M. François Dupré, le premier curé. C'est d'ailleurs le deuxième mariage qui figure dans les registres de la paroisse.

L'année suivante, les recenseurs trouvent le couple à Batiscan, où il met vingt arpents en valeur. Tous les enfants du premier lit vivent sous le nouveau toit. Les fils, Claude et Louis, ont respectivement 14 et 12 ans. Six autres enfants s'ajouteront à la famille. Tout d'abord, quatre fils: Antoine, Louis, Michel et Guillaume. En 1708, Antoine épousera Marie Jutras, fille de Dominique et de Marie Niquet, qui lui donnera neuf filles et deux fils. On n'a pas retrouvé la trace du deuxième fils, Louis. Le suivant, Michel, ne vécut que quelques heures. Le quatrième, Guillaume, fonda en 1720 un foyer avec Marguerite Leclerc, fille de Jean et de Marie-Claire Loiseau (7 enfants dont 2 fils).

Naquirent ensuite une fille et un fils. Marie-Ursule épousa, en 1714, Michel Jutras, le frère de Marie, déjà mentionnée. Le benjamin de la famille, Jean-Baptiste, conduisit à l'autel, en 1724, Agnès Gauthier, fille de Germain et de Jeanne Beauchamp (3 fils et une fille).

Louis Pinard brassait sûrement des affaires, car il comparut près d'une dizaine de fois devant le Conseil souverain. En 1678, il n'a pas encore réglé ses dettes à l'endroit du maître cordonnier Pierre Micheau, et celui-ci, depuis La Rochelle, fait saisir sa concession.

Les Proulx, pionniers de Montmagny, Neuville et Pointe-Claire

C'est du Poitou et de l'Anjou qu'originaient les plus prolifiques ancêtres de nos familles Proulx. Au XVIIᵉ siècle, le patronyme s'écrivait Prou et, dit-on, constituait une variante de *preu*, mot qui, dans l'ancien français, signifiait à la fois vaillant (adjectif) et beaucoup (adverbe); l'expression *peu ou prou* figure toujours au dictionnaire. Les trois pionniers dont nous évoquerons la mémoire étaient des Prou.

Le plus prolifique, Jean, fils de Jean et de Louise Vallée, était angevin. Il venait de Saumur, sous-préfecture de l'actuel département du Maine-et-Loire. La famille était de la paroisse Notre-Dame-de-Nantilly, dont l'église existe toujours. Elle date de la première moitié du XIIᵉ siècle et contient une remarquable collection de tapisseries anciennes.

La ville est située sur la rive gauche de la Loire. On l'atteint, depuis Tours, soit par la N 152, qui suit la rive droite (64 km), soit par les N 751 et 147, au sud du fleuve, via Azay-le-Rideau et Chinon (73 km). La masse imposante du château domine la ville avec ses quatre tours d'angle et ses mâchicoulis.

Le 5 juin 1673, Jean Prou, après avoir passé contrat par-devant le notaire Romain Becquet, épousait Jacquette Fournier, fille de Guillaume et de Françoise Hébert. L'abbé Louis Ango des Maizerets, directeur du petit séminaire, présida à la bénédiction nuptiale.

Le couple Prou/Fournier figure au nombre des pionniers de Montmagny. Il eut quatorze enfants dont sept fils. Un seul de ceux-ci mourut en bas âge; les autres fondèrent des foyers: Denis (1699) avec Marie-Anne Gagné (7 enfants dont 2 fils); Jean-Baptiste (1701) avec Louise Rousseau (9 enfants dont 5 fils); Pierre (1711) avec Agathe Destroismaisons (11 enfants dont 9 fils); Thomas (1714) avec Marie-Catherine Caron (10 enfants dont 5 fils); Joseph (1729) avec Dorothée Bouchard (2 enfants dont 1 fils) puis (1736) avec Angélique Laberge (11 enfants dont 3 fils); enfin, Louis (1730) avec Marie Dufresne (4 enfants dont 2 fils).

En recoupant les renseignements qui figurent dans les dictionnaires généalogiques, on constate que quinze des fils issus de ces unions contractèrent mariage à leur tour. Comme chez les garçons, l'une des sept filles décéda toute jeune, dès après sa naissance d'ailleurs; les autres s'unirent à des pionniers dont les noms sont répandus: Gagné, Thibault, Isabel et Ruel.

Jean Prou décéda à Montmagny le 28 février 1703. Selon le généalogiste Tanguay, sa veuve lui survécut plus d'une trentaine d'années.

Un deuxième Jean Prou, originaire celui-là de la paroisse de Saint-Jean-de-Moutierneuf, à Poitiers, arrive en Nouvelle-France vers 1671. Il laisse derrière lui une épouse et deux enfants, qu'il se propose probablement de faire venir dans la colonie une fois bien installé. En 1674, prévoyant sans doute se fixer l'année suivante dans la seigneurie de Dombourg, qui prendra plus tard le nom de Neuville, il confie à un certain Gilles Galipau des lettres destinées à sa femme, car celui-ci doit passer par Poitiers.

En 1675, effectivement, Jean s'établit dans la seigneurie, tout voisin du couple Pinel. Hélas, Galipau lui apporte la triste nouvelle du décès de l'épouse. Les Pinel ont une fille, Catherine, qui, à l'âge de 18 ans, est déjà veuve. Elle deviendra, en 1676, la deuxième épouse de Jean et lui donnera treize enfants. Pour de passionnants détails sur l'existence de ce ménage, voir deux textes signés Jean-Pierre Proulx dans les numéros 180 et 185 des *Mémoires* de la Société généalogique canadienne-française.

Le couple Prou/Pinel eut treize enfants tous nés à Neuville. Des six fils nés de cette union, cinq fondèrent des foyers et furent tous prolifiques. Jean-Baptiste épousa (1713) Marie-Geneviève Harbour (14 enfants dont 5 fils); François (1713), Marie-Thérèse Faucher (12 enfants dont 5 fils); Claude (1716) Marie-Anne Bibeau (une fille), puis (1717) Isabelle Robidas (12 enfants dont 6 fils); François (1724), Françoise Robidas, sœur de la précédente (12 enfants dont 6 fils); Joseph (1726), Thérèse Aide-Créqui (13 enfants dont 5 fils). Une vingtaine des petits-fils du couple Prou/Pinel fondèrent à leur tour des foyers. Jean décéda à Neuville le 9 décembre 1703; sa veuve lui survécut jusqu'au 13 juin 1723.

Alors que les deux premiers ont été des pionniers de Montmagny et de Neuville, le troisième Prou dont nous évoquerons la mémoire s'est établi à Pointe-Claire, dans l'île de Montréal.

L'église Notre-Dame-de-Nantilly, à Saumur, date de la première moitié du XIIᵉ siècle. C'était la paroisse de l'Angevin Jean Prou.

Jacques Prou dit Le Poitevin venait du hameau de Gournay ; c'est maintenant une petite commune de l'arrondissement de Niort, canton de Chef-Boutonne. Pour repérer l'endroit sur une carte, suivre depuis Niort la D 948, direction sud-est, jusqu'à Melle (28 km), puis jusqu'à la D 737 (4 km). Celle-ci frôle Gournay, vers le sud (5 km).

Jacques épousa à Lachine, le 1er février 1706, Jeanne Pilon, fille d'Antoine et de Marie-Anne Brunet. Le couple ne tarda pas à s'établir à Pointe-Claire. Il eut onze enfants dont au moins les huit derniers sont nés dans cette localité, et au moins quatre des cinq fils se marièrent à leur tour: Jacques (1733) avec Marie-Suzanne Villeray puis (1748) avec Marguerite Boileau; Joseph (1738) avec Marie-Charlotte Clément; Antoine (1747) avec Marie-Anne Roy; et Thomas (1751) avec Marie-Josèphe Larocque.

Avec ses quatre tours d'angle, la masse du château de Saumur domine la ville.

269

Quatre des six filles contribuèrent par leur mariage à perpétuer des patronymes qui se sont répandus dans la région : Marie-Madeleine épousa Claude Aumay (Aumais) ; Louise-Hélène, Jean-Baptiste Beaune ; Geneviève, Antoine Lanthier ; et Françoise, François Dussault.

Lorsqu'en 1731, les Messieurs de Saint-Sulpice font procéder à l'aveu et dénombrement de leur seigneurie de l'île de Montréal, Jacques est toujours sur sa terre de la paroisse Saint-Joachim de Pointe-Claire. Elle mesure trois arpents de front et est dotée d'une maison, d'une grange et d'une étable ; on y trouve trente-sept arpents de terre labourable et six de prairie. C'était la neuvième terre située au-dessus (c'est-à-dire à l'ouest) du fort de pieux qui entourait l'église et le presbytère et qui avait une superficie de deux arpents. La profondeur des terres était de trente arpents.

On a sauvegardé la maison du pionnier François Quintal

L'année 1672 a marqué un point tournant dans la colonisation de la Nouvelle-France, avec la concession par l'intendant Talon de plusieurs dizaines de seigneuries. Le 3 novembre, Pierre Boucher, le *Patriarche*, recevait pour sa part un domaine de cent quatorze arpents de front sur le Saint-Laurent sur deux lieues de profondeur : la seigneurie de Boucherville.

Le seigneur ne devait pas tarder à y établir des censitaires : dès le 4 avril de l'année suivante, au moyen d'un seul et même contrat, il octroyait des concessions à pas moins de trente-huit colons. C'est François Quintal qui reçut la vingt et unième. Dans l'ordre géographique, c'était la quatrième à l'ouest du domaine seigneurial proprement dit, et elle mesurait deux arpents de front sur vingt-cinq de profondeur.

François est originaire de la paroisse Saint-Sauveur de La Rochelle, fils de Nicolas et de Marie Genin. Quand arriva-t-il dans la colonie ? Dès 1668, il est aux Trois-Rivières. Pierre Boucher commande la place et il vient de prendre la résolution de se fixer dans le domaine dit des Îles Percées, qui prendra plus tard le nom de Boucherville.

Il a déjà très certainement décidé de futurs censitaires à le suivre, car, le 2 septembre 1668, François Quintal acquiert de Jean Giraudière une terre qui lui sera baillée par Pierre Boucher et où un arpent et demi est déjà défriché. M. G.-Robert Gareau a examiné de près le cheminement des pionniers de Boucherville, et il a confié d'intéressants renseignements sur François Quintal aux *Mémoires* de la Société généalogique canadienne-française (vol. XXIII, p. 155).

Le jeune homme n'entend pas s'enraciner tout de suite. Il est célibataire et répond à l'appel de l'aventure. Il loue sa concession pour trois ans à la condition qu'on y défriche un arpent de terre par année. Pendant qu'il s'adonne à la traite des fourrures, son procureur lui fait construire une grange, en 1673. L'année suivante, il est de retour et il confie au charpentier Jacques Ménard le soin de lui ériger une demeure. Mais ceci ne le retient pas et, en 1675, il remonte *aux Outaouais*.

Arrive l'année 1678. Il estime probablement que le moment est venu pour lui de s'établir définitivement. Le 17 octobre, à Québec, il épouse Marie Gauthier, fille de Charles Gauthier, sieur de Boisverdun, et de Catherine Camus. Mais il n'a pas aussitôt prononcé le oui sacramentel qu'il commet une bévue. On ne peut s'adonner à la traite sans autorisation. Or, il s'absente une dizaine de jours «au mépris des édits royaux». Les archers de la maréchaussée de Montréal viennent l'arrêter: il déguste quelques pots de vin avec eux et, s'entendant traiter de sot, en blesse un d'un coup de couteau au bras gauche.

Parce qu'il était «échauffé de vin», on ne le condamne qu'à verser une amende et une somme additionnelle en guise de réparation. Il est tôt revenu chez lui.

Lors du recensement de 1681, il met sa terre en valeur, cultive six arpents et possède une vache qui lui sera d'autant plus utile qu'il sera bientôt père pour la première fois.

Le couple Quintal/Gauthier devait avoir dix enfants, dont cinq fils. C'est l'aîné de ceux-ci, François, qui fut le plus prolifique. Né en 1682, il épousa en 1712 Marie Guertin, fille de Louis et de Marie-Madeleine Chicoine, qui lui donna douze enfants, tous nés à Boucherville, dont quatre fils; deux de ceux-ci décédèrent en très bas âge et les deux autres fondèrent des foyers: François en 1740 avec Élisabeth Robin (12 enfants dont 6 fils), et Augustin en 1751 avec Isabelle Demers (un fils), puis en 1763 avec Élisabeth Levasseur (une fille).

Le deuxième fils, Joseph, né en 1683, embrassa le sacerdoce en 1713 et entra chez les Récollets. Le troisième, Louis, né en 1695, conduisit à l'autel en 1722 Marguerite Reguindeau, fille de Jacques et de Marguerite Véronneau (un fils et 2 filles). On ne sait ce qu'il advint du quatrième, Jean-Baptiste, qui vit le jour en 1698. Quant au dernier, Michel, né en 1701, il joignit sa destinée à celle de Marie-Madeleine Guertin, la sœur de Marie mentionnée plus haut (2 fils et 2 filles).

Le couple Quintal/Guertin, avons-nous précisé, eut huit filles. Celles qui fondèrent des foyers contribuèrent à répandre les patronymes Brunet, Tougas, Morel, Ledoux, Marsil, Chicot et Vignau.

C'est après une existence bien remplie que l'ancêtre François Quintal décéda en 1715 à Boucherville, à l'âge de 70 ans.

L'église Saint-Sauveur, à La Rochelle. C'était la paroisse de la famille de l'ancêtre François Quintal. On en reconstruisit la nef à partir de 1652, mais son clocher date de 1423. Une balustrade ornée de six gargouilles le coiffe à 40 mètres du sol.

L'un de ses premiers soucis avait été de se faire construire une maison. Or, cette demeure existe toujours à Boucherville, ce qui est peu commun. C'est vraisemblablement vers 1674 que le charpentier Jacques Ménard l'érigea. Les anciens murs de pierre disparaissent de nos jours derrière un revêtement de planches verticales. La famille Quintal l'a habitée jusqu'au milieu du siècle dernier, alors que les descendants du pionnier la vendirent à Frédéric-Auguste Quesnel, député de Montmorency et de Chambly, membre du Conseil législatif. On la désigne maintenant comme la maison Quintal-Quesnel, et c'est grâce aux démarches de la Société d'histoire des Îles Percées qu'elle a été classée par les Affaires culturelles il y a près d'une vingtaine d'années, ce qui en assure la sauvegarde et la soustrait à l'appétit des promoteurs immobiliers.

On comprend facilement pourquoi le clocher de l'église Saint-Sauveur a été préservé pendant le siège de La Rochelle en 1627-28: on y a eu recours comme tour d'observation. De nos jours, il domine toujours la ville.

Nous avons souligné que François Quintal était originaire de la paroisse Saint-Sauveur de La Rochelle. L'église date du XVe siècle. Elle fut mise en chantier après l'incendie d'une première église en 1419. C'est en 1467 que la *Merveille de la ville* fut ouverte au culte. De style gothique flamboyant, elle faisait l'admiration du peuple. Mais, pendant les guerres de Religion, on entreprit sa démolition. Seuls demeureront le clocher, le porche et une chapelle. Le clocher devait servir de tour d'observation pendant le siège de 1627-28. La mise en chantier de la reconstruction date de 1652, mais le clocher, tel qu'on le voit de nos jours, a été érigé en 1423. Il s'orne, à 40 mètres de hauteur, d'une jolie balustrade ornée de six gargouilles, et il domine toute la ville.

Il existe une affinité certaine entre *Quintal* et le nom commun de même épellation qui est une mesure de poids. Selon les dictionnaires étymologiques, *Quintal* et ses diminutifs *Quintau* et *Quintalet* étaient des sobriquets appliqués à un homme lourd.

Des familles prolifiques: celles des Richard venues d'Acadie

Abondance de biens ne nuit pas, dit un vieil adage. Abondance de Richard non plus. Sauf qu'on ne saurait traiter d'un seul coup les origines des pionniers qui ont transplanté ce patronyme dans la vallée du Saint-Laurent. Certains l'ont apporté directement de France, mais d'autres, indirectement, c'est-à-dire en passant par l'Acadie et, hélas, par les colonies anglaises où on les avait déportés. C'est à eux que nous nous en tiendrons ici.

Le premier du nom venu en Acadie fut Michel Richard, qui était dit Sansoucy, même si des soucis ont marqué la trame de son existence. On ignore de façon certaine d'où il était originaire, possiblement de Saintonge. Disons tout de suite que l'on trouvera souvent la préposition «vers» dans ce chapitre pour désigner une année approximative. C'est que les registres de l'Acadie ont souvent été réduits en cendres par la torche incendiaire des Anglais et qu'il a fallu en reconstituer plusieurs de mémoire grâce à l'apport de parents, d'amis et de missionnaires.

Michel Richard serait arrivé en 1654, peu avant la prise de Port-Royal par Robert Sedgwick, commandant en chef du littoral de la Nouvelle-Angleterre. Il a probablement participé à la défense de la place. Le pays devait demeurer pendant seize ans sous l'emprise des Bostonnais. Michel troqua son épée contre la hache du défricheur lorsqu'il obtint deux concessions, car la beauté du pays l'avait sans doute séduit. Celle d'une jeune fille de douze ans allait en faire autant : en épousant Madeleine Blanchard, il s'alliait à l'une des anciennes familles de l'Acadie.

Les Anglais restituèrent l'Acadie à la France en 1670. Sous l'occupation, Michel ne s'était pas croisé les bras : il avait défriché quatorze arpents de terre et possédait quinze bêtes à cornes et quatorze brebis, et sa famille comptait déjà sept enfants : René, Pierre, Catherine, Martin, Alexandre et deux jumelles, Anne et Madeleine. Leur âge s'échelonnait de cinq semaines à 14 ans.

L'aîné, René, qui était dit Beaupré, épousa vers 1680 Madeleine Landry, fille de René et de Perrine Bourg ; sept ans plus tard, le deuxième, Pierre, choisit pour compagne Marguerite Landry, la sœur de Madeleine. Les deux frères devaient se fixer dans le fertile établissement des Mines. Vers 1678, Catherine disait oui à François Brossard. Le troisième fils, Martin, fonda un foyer avec Marguerite Bourg, fille de François et de Marguerite Boudrot, et devint l'un des premiers colons de Beaubassin. Quant à Alexandre, il épousa, vers 1686, Élisabeth Petitpas, fille de Claude, greffier de Port-Royal, et de Catherine Bugard. Les jumelles prirent mari en 1685 : Anne avait choisi Germain Thériot et Madeleine, Charles Babin, un nom à retenir.

Car Michel, devenu veuf, contracta une seconde union, en 1683, avec Jeanne Babin, une jeune fille de 15 ans, fille d'Antoine et de Marie Mercier. Or, Jeanne est la sœur de Charles Babin, l'époux de sa fille Madeleine. De sorte que Michel devient... le beau-frère de sa fille! L'un des descendants, M. Louis Richard, a rappelé cette anecdote dans les *Mémoires* de la Société généalogique canadienne-française (vol. VI, p. 27).

Parce que beaucoup de registres ont été irrémédiablement perdus dans l'incendie des villages acadiens par les Anglais, il est beaucoup de pionniers dont on ne connaît pas l'origine exacte. Fort heureusement, on est mieux renseigné à l'égard d'un certain nombre. C'est le cas pour un autre Richard, prénommé François, qui, en 1710, à Port-Royal, épousa Anne Comeau. C'était un Breton de la ville d'Auray, l'une des plus anciennes du pays. Coïncidence, c'est de là qu'en 1632 Isaac de Razilly était parti pour l'Acadie, après la signature du traité de Saint-Germain-en-Laye, afin d'y reprendre possession de la Nouvelle-France. Le port intérieur d'Auray est relié à la mer par une rivière qui porte le même nom. C'est une ville très agréable à visiter, notamment à cause de l'intérêt de son vieux quartier Saint-Goustan auquel on accède par un pont du XVIIᵉ siècle. De pittoresques maisons du XVᵉ bordent ses rues étroites et pentues.

François Richard connut la même déveine que Michel: l'année même de son arrivée, Francis Nicholson s'emparait de Port-Royal, dont la perte pour la France fut confirmée trois ans plus tard par le traité d'Utrecht. Bientôt se contractèrent des alliances entre les fils et filles de François et les descendants du pionnier Michel.

On ne saurait résumer ici les circonstances qui amenèrent de nombreux Acadiens à se fixer dans la vallée du Saint-Laurent. Certains s'y sont établis, notamment dans la région de Québec, avant même les

Le vieux quartier Saint-Goustan, à Auray, possède des rues et ruelles étroites et pentues, bordées de pittoresques maisons du XVe siècle.

déportations. La plupart cependant s'y résolurent après ces douloureux événements, en provenance notamment des colonies anglaises où on les avait conduits après les avoir dépossédés de leurs terres.

Ils se sont répandus dans toutes nos régions, à tel point que de nos jours, environ un million de Québécois, estime-t-on, ont une ascendance acadienne. On

Le vieux moulin à vent de Saint-Grégoire, comté de Nicolet. Plusieurs générations de Richard y ont sans doute porté leurs grains à moudre.

leur doit même la fondation et l'essor de localités, telles que L'Acadie, au sud de Montréal, Saint-Jacques-l'Achigan et Saint-Grégoire, dans les comtés de Montcalm et de Nicolet, respectivement.

Les Richard n'ont pas été absents de ce mouvement colonisateur, loin de là. Examinons de près les registres de l'une de ces localités, Saint-Grégoire de Nicolet. Un patient chercheur a compilé les actes de baptême, de mariage et de sépulture qui y sont consignés, sur une période de 150 ans: il en a noté 573 ayant trait à des Richard.

Un relevé cadastral effectué dans la même localité en 1847 note la présence de familles dont le chef porte ce patronyme : quatre dans le rang du Haut-du-Village, cinq dans le rang du Lac-Saint-Paul, quatre dans le rang Saint-Simon, quatre dans le rang de Beauséjour et trois dans le rang du Pays-Brûlé... Toutes ces familles ont des enfants, sans compter les adultes célibataires et les orphelins ! (Voir les *Mémoires* de la Société généalogique canadienne-française, vol. VI, p. 319 ; vol. VIII, p. 46 et 172, et vol. IX, p. 174.)

C'est en 1774 que la grande famille des Richard essaima vers le Québec. Ses membres et leurs descendants devaient se fixer à Saint-Jacques-l'Achigan, à Saint-Grégoire, à Bécancour, à Nicolet, à L'Acadie, puis se répandre dans toutes nos régions.

Deux frères venus du Perche
à l'origine de nos familles Rivard

Au XVIIe siècle, deux frères Rivard, Nicolas et Robert, fils de Pierre et de Jeanne Mullard, quittèrent leur Perche natal pour la Nouvelle-France. Ils étaient nés à Tourouvre les 16 juin 1617 et 10 juillet 1638, respectivement.

On ne sait quand, exactement, ils débarquèrent à Québec, mais ce fut certainement en 1646 dans le cas de l'aîné. Le 9 mars de cette année-là, Pierre Juchereau, sieur des Moulineaux, agissant pour son frère, Noël Juchereau, sieur des Châtelets, l'engage par contrat, pour trois années à compter «du jour de l'embarquement qui se fera en cette année à La Rochelle». On lui assure le gîte et le couvert et on assumera le coût de son retour en France s'il souhaite rentrer à la fin de son engagement. Il recevra des gages de 70 livres tournois chaque année.

En 1653, Nicolas est toujours en Nouvelle-France car il épouse, aux Trois-Rivières, Catherine Saint-Père, fille d'Étienne et de Madeleine Couteau. Bien qu'âgée de seulement 18 ans, Catherine est déjà veuve. Elle s'était mariée trois ou quatre ans plus tôt à Mathurin Guillet, mais celui-ci avait été tué par les Iroquois le 18 août 1652, entre les Trois-Rivières et le Cap-de-la-Madeleine.

Nicolas jouit certainement de la considération de ses concitoyens car, lors de son mariage, à l'âge de 35 ans, il est désigné comme «capitaine, commandant de la milice du Cap». Le couple s'établit dans la seigneurie du Cap-de-la-Madeleine, qui appartient aux Jésuites. Le bourg est entouré d'une palissade de pieux, à l'intérieur de laquelle se réfugient les colons après la journée de labeur sur leur concession. En 1661, lorsque les marguilliers décident d'acheter la petite chapelle qu'avait érigée Pierre Boucher et de la transporter en un lieu mieux situé pour en faire une église paroissiale, c'est Nicolas qui est chargé de les représenter par-devant notaire.

Nicolas Rivard, qui était dit Lavigne, demeura au Cap-de-la-Madeleine jusqu'en 1666, alors que les Jésuites lui concédèrent deux terres, l'une dans la seigneurie de Batiscan proprement dite et l'autre dans l'île Saint-Éloi, située en face. Les Rivard devaient y passer le reste de leur existence.

Le couple Rivard/Saint-Père eut dix enfants, dont sept fils. Au moins cinq de ceux-ci se marièrent à leur tour: Nicolas en 1678 avec Élisabeth Trottier, fille de Julien et de Marie Sédilot (10 enfants dont 9 fils), puis en 1709 avec Françoise Marien, fille de Louis et de Françoise Philippeau, et veuve de Sébastien Grenat dit Lachapelle (3 enfants dont un fils); Julien, sieur de la Glanderie, en 1682 avec Élisabeth Thunay, fille de Félix et d'Élisabeth Lefebvre (13 enfants dont 7 fils); François, sieur de Lacourcière, en 1697 avec Madeleine

Lepellé, fille de Pierre et de Catherine Dodier (7 enfants dont 5 fils), puis en 1717 avec Geneviève Chesne, fille de Raymond et de Rose Maillot (6 enfants dont 3 fils); Pierre, sieur de La Nouette, en 1685 avec Catherine Trottier, sœur d'Élisabeth, épouse de Nicolas (12 enfants dont 10 fils); et Jean, dit Préville, en 1703 avec Geneviève Trottier, fille de Jean-Baptiste et de Geneviève Lafond (9 enfants dont 7 fils).

Or, ce qui est peu commun, les soixante enfants des cinq fils du couple Rivard/Saint-Père ont tous vu le jour à Batiscan! Les trois filles fondèrent aussi des foyers: Jeanne en 1669 avec Charles Duteau, Marie-Madeleine en 1677 avec Pierre Lafond et Marie-Catherine en 1697 avec Alexis Marchand.

Voyons maintenant le cheminement de Robert Rivard, le frère de Nicolas. Arriva-t-il dans la colonie en même temps que lui? En tout cas, il ne semble pas mentionné dans les documents officiels avant l'année 1663, alors qu'il reçut lui aussi des Jésuites une concession située au Cap-de-la-Madeleine. Il était dit Loranger et, l'année suivante, il conduisait à l'autel Madeleine Guillet, fille de Pierre et de Jeanne Saint-Père.

Les terres de Nicolas et de Robert étaient voisines. Lorsque le second décida de s'établir dans la seigneurie de Batiscan, Robert en fit autant et y obtint lui aussi une concession des Jésuites, tout à côté de celle de son beau-père. Elle mesurait quatre arpents de front sur quarante de profondeur. Il trima dur, car en 1681 il y mettait pas moins de trente arpents en valeur.

Au chapitre de la progéniture, le couple Rivard/Guillet fut remarquablement fertile: douze enfants dont sept fils, et six de ceux-ci fondèrent à leur tour des foyers: Claude, dit Loranger, en 1696 avec Catherine

Roy, fille de Michel et de Françoise Aubé; Mathurin, dit Feuilleverte, en 1700 avec Françoise Trottier, fille de Jean-Baptiste et de Geneviève Lafond, puis en 1710 avec Jeanne Frigon, fille de François et de Marie Chamois; Nicolas, dit Loranger, en 1721 avec Marie-Anne Desrosiers dite Désilets, fille de Michel et de Marie Artault; François, dit Montendre, en 1710 avec Marie-Josèphe Hamelin, fille de Louis et d'Antoinette Aubert; Louis-Joseph, dit Bellefeuille, en 1717 avec Françoise Lesieur, fille de Charles et de Françoise Lafond; et René-Alexis, dit Loranger et Maisonville, en 1727 avec Marie-Charlotte Lafond dite Mongrain, fille de Pierre et de Marie-Madeleine Rivard.

À l'exemple de leurs cousins germains, Claude, Mathurin et René-Alexis élevèrent leurs familles à Batiscan; François et Louis-Joseph choisirent plutôt les

La petite commune percheronne de Tourouvre s'inscrit dans un écrin de verdure, paysage typique de cette région d'où nous sont venus tant de nos fondateurs de lignées.

La grande nef de l'église de Tourouvre, où plusieurs dizaines de nos pionniers ont été faits enfants de l'Église, est voûtée de lambris sur charpente apparente. Le retable du grand autel date de 1646.

Grondines et Yamachiche, respectivement. Quant à Nicolas, il fut sans progéniture.

Au moins cinq des fils de Robert Rivard répondirent à l'appel des grands espaces et participèrent à des expéditions ayant trait à la traite des fourrures. Ils suivirent en cela la trace de leur père. Robert Rivard était bien établi sur sa terre de Batiscan et y était secondé par des fils lorsqu'en 1689, il s'engagea avec un associé à faire la traite pendant trois années consécutives aux lacs Abitibi et Témiscamingue pour le compte de la Compagnie du Nord. Sans doute satisfait de cette expérience, il la renouvelle en 1695 avec cinq autres associés, mais cette fois à leur propre compte.

Les cinq filles du couple Rivard/Guillet fondèrent des familles: Marie-Anne en 1696 avec François Dumontier dit Brillant, qui allait devenir le secrétaire du gouverneur Rigaud de Vaudreuil en 1701, Marie-Madeleine en 1698 avec Jean Trottier, Marie-Charlotte en 1700 avec Charles Lesieur, Marie-Catherine en 1715 avec Pierre Lefebvre et Marie-Françoise en 1716 avec Jean Lafond.

La déportation des Acadiens vue à travers la famille Robichaud

Selon certaines statistiques, il existe davantage de descendants d'Acadiens au Québec qu'on en trouve dans les régions qui formaient l'ancienne Acadie. Ces ancêtres se sont fixés en Gaspésie et dans la vallée du Saint-Laurent lors de cette tragédie qu'on a pudiquement désignée comme le «grand dérangement», qui a débuté à Grand-Pré en 1755 et s'est poursuivie jusqu'à la chute de Louisbourg trois ans plus tard.

Certaines de ces familles ont rallié la Nouvelle-France après s'être enfuies dans les bois pour se soustraire à la déportation; d'autres y ont abouti depuis la Nouvelle-Angleterre ou y sont parvenues après avoir séjourné en France. Nulle famille ne saurait mieux illustrer l'odyssée de ces déportés que la famille Robichaud.

Le premier du nom qui apparaît aux fenêtres de notre histoire se prénommait Louis. On sait peu de chose à son sujet, sauf qu'il décéda à l'Hôtel-Dieu de Québec au tout début de l'année 1649. Sans doute serions-nous un peu mieux informés à son sujet si son fils, Étienne, n'avait refusé sa porte au cordelier

Laurent Molins. Ce curé-missionnaire avait été chargé, en 1671, de procéder au recensement des familles. «Il ne m'a pas voulu voir, rapporta-t-il. Il est sorti de chez lui et a dit à sa femme qu'elle me dise qu'il ne me voulait point donner le compte de ses bestiaux et terres.» Le pionnier craignait-il d'être assujetti à quelque taille semblable à celle qui écrasait les paysans dans la France féodale qu'il avait quittée?

On croit généralement que Louis Robichaud était originaire de La Chaussée, un bourg du Poitou où Charles de Menou, sieur d'Aulnay et de Charnizay, possédait une vaste seigneurie. Entre 1635 et 1650, ce personnage recruta une trentaine de familles dans les hameaux de La Chaussée, de Martaizé et d'Aulnay, afin de bien asseoir la petite colonie de l'Acadie. Ces bourgs sont de nos jours trois petites communes du département de la Vienne, situées tout de suite à l'ouest de la N 147, à mi-chemin entre Loudun et Mirebeau. La vieille église de La Chaussée, où furent baptisés plusieurs fondateurs de lignées acadiennes, existe toujours.

Lors du recensement de 1686, l'ancêtre Étienne Robichaud n'était plus de ce monde. Vers 1663, il avait épousé Françoise Boudrot, fille de Michel et de Michelle Aucoin, qui lui avait donné plusieurs enfants, dont au moins quatre fils: François, Charles, Prudent et Alexandre.

Charles, surnommé Cadet, voit sa demeure dévastée par les Anglais en 1707. Trois ans plus tard, Francis Nicholson s'empare de Port-Royal. Pour échapper aux vexations, Charles va s'établir à Cobeguit, dans la région de l'actuelle ville de Truro, Nouvelle-Écosse. Il y fonde le village des Cadets, qui devient vite prospère grâce à ses riches pâturages : les bestiaux qu'on y élève servent à nourrir la garnison de la forteresse de Louisbourg. Charles Robichaud sera le père de 17 enfants : dix avec sa première épouse, Marie Thibodeau, fille du meunier de Port-Royal, les autres avec sa seconde femme, Marie Bourg.

L'aîné des fils du deuxième lit, Joseph, n'avait que 16 ans au moment où la famille s'était fixée à Cobeguit. En 1726, à Grand-Pré, il épousait Claire LeBlanc, qui devait lui donner une douzaine d'enfants. Il sut comme son père se tailler une place au soleil. Ainsi, il figura au nombre des quatre députés chargés de représenter Cobeguit auprès des autorités anglaises. En 1750, on le jetait en prison pour avoir hébergé l'abbé Le Loutre. Ce missionnaire, qui ne devait jamais abandonner les Acadiens tout au long de leur pénible sort, était politiquement engagé auprès d'eux.

Quand arriva à Cobeguit la nouvelle des événements de Grand-Pré, en 1755, les habitants se réfugièrent à Pointe-Prime, près de l'actuelle Charlottetown, mais, trois ans plus tard, Louisbourg capitulait. Comme à Grand-Pré, la soldatesque déporta les Acadiens, s'engageant à les conduire en France. Dès l'automne 1758, Joseph et sa famille étaient embarqués sur l'un de cinq navires en partance pour Saint-Malo. L'un des enfants décéda pendant la traversée, et le père eut à peine le temps d'installer sa femme et ses enfants à Saint-Servan avant de mourir lui-même, victime d'une épidémie de petite vérole.

L'un des fils, Jean-Baptiste, devint alors le chef de famille. On ne saurait résumer ici les espoirs et déboires que connurent les Acadiens au fil des ans pendant que

À La Chaussée, petit bourg de l'ancien Poitou et maintenant commune du département de la Vienne, existe toujours l'église ancestrale où furent baptisés plusieurs pionniers de la colonie acadienne.

l'on tentait de les réinsérer dans la paysannerie française. Jean-Baptiste et les siens figuraient au nombre des Acadiens qui devaient se fixer au Poitou, dans la seigneurie de Monthoiron, près de Châtellerault. Mais plutôt que de se réintégrer, le clan Robichaud se réfugia clandestinement dans l'île de Jersey, puis franchit de nouveau l'Atlantique avec les Robin pour se fixer à Bonaventure.

Mgr Donat Robichaud, curé de Paquetville et membre de la Société généalogique canadienne-française depuis 1968, a poursuivi de patientes recherches sur sa famille et signé au moins deux ouvrages sur ce sujet. Il a beaucoup de mérite, car des registres sont disparus dans l'incendie des villages acadiens par les Anglais. Dans le cas des déportés réfugiés en France, il a fallu reconstituer de mémoire les états civils.

Tout comme le clan de Jean-Baptiste Robichaud, plusieurs familles de ce nom purent également revenir au Canada. Certains couples s'étaient mariés en Nou-

Charles de Menou, qui recruta une trentaine de familles à l'intention de l'Acadie, était sieur d'Aulnay et de Charnizay. Voici l'élégant château d'Aulnay, tel qu'il se présente de nos jours.

velle-Angleterre bien qu'il n'y eut pas de prêtres dans les colonies anglaises pour bénir les unions. Tel fut le cas de Michel et de Tite Robichaud, qui s'étaient unis respectivement à Marguerite et à Marie Landry : la bénédiction nuptiale leur fut donnée à Deschambault en 1766 sur présentation d'un document démontrant qu'ils avaient échangé des vœux devant leurs parents et en présence de vieillards dans l'espoir de pouvoir, «leur prison finie», les renouveler auprès d'un prêtre.

En 1774, Louis Robichaud, vivant à Salem, au Massachusetts, s'était vu conférer par l'abbé François-Charles Bailly, vicaire général du diocèse de Québec à Halifax, le pouvoir de recevoir le consentement mutuel de catholiques, et même d'accorder des dispenses. Ce personnage devait plus tard se fixer à Québec avec son épouse.

Plusieurs autres Robichaud s'établirent sur nos bords. Ainsi, on en retrouve trois à L'Islet : un François et deux Pierre ; d'autres à Deschambault, au Cap-Saint-Ignace, à Québec, à Varennes, à Bécancour, aux Aulnaies, à Boucherville..., de fiers bâtisseurs de lignées qui préférèrent la déportation à l'assimilation et dont les descendants ont puissamment contribué à la consolidation de la culture française en terre nord-américaine.

François Séguin, l'un des premiers censitaires de Boucherville

.

Le pays de Bray, une région du nord-ouest du bassin parisien, est la petite patrie de la plupart de nos Séguin. C'est une verdoyante boutonnière bordée de falaises de craie. Deux pionniers portant ce patronyme se sont établis en Nouvelle-France au XVIIe siècle, mais le deuxième, prénommé Jacques, originaire de la Marche, ancienne province de la France, n'eut qu'un fils adulte, et celui-ci semble n'avoir été le père que d'une fille.

Par contre, le premier, prénommé François, eut une belle famille de onze enfants, bien qu'il fût dit La Déroute, un sobriquet qu'on lui avait sans doute donné au moment où il avait pris l'uniforme du régiment de Carignan-Salières. C'est comme soldat de la compagnie de Saint-Ours qu'il débarqua à Québec le 12 septembre 1665.

Ses parents, Laurent Séguin et Marie Massieu, s'étaient mariés en 1643 à Cuigy-en-Bray, mais c'est à Saint-Aubin-en-Bray qu'il fut baptisé l'année suivante. Les églises de ces communes existent toujours. Depuis Beauvais, la N 31 conduit vers Gournay-en-Bray puis vers Rouen. À 15 km à l'ouest de Beauvais se présente la D 22. En la prenant sur la gauche, il suffit de 2,50 km pour atteindre Saint-Aubin, d'où la D 109 nous amène à Cuigy en 5 km.

Lors de la démobilisation de son régiment, François décide de se fixer dans la colonie, et il entreprend de défricher un lot dans la seigneurie qui a été accordée au capitaine Pierre de Saint-Ours, mais peut-être souhaite-t-il bientôt se rapprocher de Ville-Marie. Il a rencontré une fille du roi, Jeanne Petit, une orpheline originaire de La Rochelle, et il décide de la conduire à l'autel, à Boucherville. C'était le 31 octobre 1672. L'heureuse élue avait franchi l'Atlantique à bord de *L'Espérance* quelques mois plus tôt. Le couple avait signé un contrat le 21 septembre par-devant le notaire Thomas Frérot. Au nombre des témoins figurent le seigneur Pierre Boucher, son épouse, Jeanne Crevier, et leur fils, également prénommé Pierre.

C'est que François a échangé sa terre de la seigneurie de Saint-Ours dont il avait pourtant défriché six arpents contre une autre située dans celle des Îles-Percées de Boucherville. Tout en mettant son nouveau domaine en valeur, il semble exercer le métier de tisserand; c'est en tout cas ce qu'il déclare aux recenseurs en 1681. Aux 50 livres que le roi a déposées dans la corbeille de la jeune mariée, Pierre Boucher en a ajouté autant.

Le lendemain de la signature du contrat de mariage, François achète de Pierre Chaperon une terre de deux arpents de front sur vingt-cinq de profondeur, avec grange et maison en construction. Quatre mois plus tard, il la vend, car le seigneur a promis de lui céder une terre de cinquante arpents, ce qui devient réalité au début d'avril 1673. C'est un hommage que lui rend ainsi Pierre Boucher, car le «Patriarche de la Nouvelle-France» choisit ses censitaires avec beaucoup de soin. La présidente de l'Association des Séguin d'Amérique, Mme Yolande Séguin-Pharand, a signé, à l'occasion du 325ᵉ anniversaire de Boucherville, une intéressante biographie de l'ancêtre. On y constate que François ne manquait ni de courage ni d'initiative.

En 1674, une première fille, Françoise, voit le jour. François loue une vache appartenant à un autre censitaire, François Pillet. Il lui en faudra une deuxième neuf ans plus tard, car la famille ne cesse de grandir.

Françoise, en 1694, épousera Charles Patenaude et lui donnera dix enfants. Survient une deuxième fille, en 1676, Marie-Madeleine, qui s'unira en 1700 à Antoine Marie (sans progéniture). Puis naît un premier fils, en 1678, prénommé François, comme son père; à l'âge de 24 ans, il conduit à l'autel Marie-Louise Feuillon, fille de Michel et de Louise Bercier (10 enfants dont 4 fils).

Jeanne, née en 1680, deviendra en 1701 l'épouse de Joseph Robidou (11 enfants dont 5 fils). Pierre, qui voit le jour en 1682, joint sa destinée en 1704, à celle de Barbe Feuillon, sœur de Marie-Louise (9 enfants dont 3 fils).

Le sixième enfant, Simon, baptisé à la Pointe-aux-Trembles comme ses deux autres frères en 1684, épouse à l'âge de 22 ans Marie Bau, fille de Jean et d'Étiennette Loré (un fils), puis, en 1715, Deborah Cole, une jeune Anglaise qui avait été faite prisonnière en même temps que sa mère et ses deux sœurs lors de l'attaque du village de Saco, en Nouvelle-Angleterre, au mois

L'église de Saint-Aubin-en-Bray, où l'ancêtre François Séguin fut baptisé en 1644.

d'août 1703. Marcel Fournier, dans son ouvrage intitulé *De la Nouvelle-Angleterre à la Nouvelle-France*, nous dit qu'elle fut baptisée à Montréal sous le prénom de Marie-Madeleine et qu'elle eut pour parrain le riche marchand Jacques LeBer. Elle donna neuf enfants à Simon.

Le couple Séguin/Petit eut ensuite la douleur de perdre une fillette, Catherine, décédée peu avant l'âge de deux ans, en 1688. La même année naissait Jean-Baptiste qui, en 1710, fonda un foyer avec Geneviève Barbeau, fille de Jean et de Marie DeNoyon (10 enfants dont 7 fils). Une autre fille, Geneviève, ne vécut qu'à peine plus de trois mois.

Le dixième enfant, Joseph, né en 1692, ne vécut qu'une vingtaine de jours. François et Jeanne se consolèrent en donnant le même prénom à leur dernier fils, en 1674. Celui-ci épousa au poste de Détroit, en 1723, Marie-Françoise Sauvage, fille de Jacques et de Marie-Catherine Jean (une dizaine d'enfants dont 7 fils).

Sans doute usé par une vie de dur labeur, François vendit la terre qu'il avait reçue de Pierre Boucher à Jean-Baptiste Lamoureux. C'était à la fin de novembre 1698 et le prix qu'il en obtint, 850 livres, témoigne de son application à la mettre en valeur. En 1704, il décédait à l'Hôtel-Dieu de Montréal, à l'âge de 59 ans. Quant à son épouse, elle lui survécut près d'une trentaine d'années.

En septembre 1993, l'Association des Séguin d'Amérique dévoilait une plaque à la mémoire de l'an-

L'église de Cuigy-en-Bray où se marièrent en 1643 Laurent Séguin et Marie Massieu, les parents de François Séguin, ancêtre de toutes les familles de ce nom.

cêtre François dans l'église de Saint-Aubin-en-Bray. Les Séguin qui assistaient à la cérémonie effectuèrent un intéressant voyage qui se termina à Paris, en l'Hôtel de Lassay, où ils furent l'objet d'une mémorable réception offerte par le président de l'Assemblée nationale de France, M. Philippe Séguin.

On conserve la cloche qui tinta pour l'ancêtre François Thibault

Tout comme nos autres familles-souches, la famille des Thibault ne manque pas de fierté. Son nom évoque par exemple la mémoire d'un personnage qui remporta une victoire sur les Vikings au IXe siècle et dont le fils reçut le nom de Thibaut, mot d'origine germanique, formé de deux composantes: *theod* et *bald*, signifiant respectivement *peuple* et *audacieux*.

Les pionniers Thibault ont eu une telle progéniture que nous ne saurions leur donner la vedette en un seul chapitre. On estime à 35 000 le nombre de leurs descendants actuels. Plusieurs ancêtres portant ce patronyme se sont établis en Nouvelle-France et nous traiterons ici de trois d'entre eux, François, Denis et Michel, originaires de l'île de Ré, des bords de la Saône, et soit de l'évêché d'Angers, soit de celui de Poitiers, respectivement. Quant à Guillaume et à Pierre, venus le premier de Normandie et le second de l'Agenais, nous leur consacrerons un deuxième chapitre.

C'est en 1665 que François Thibault arrive à Québec. Cette année-là, les voiliers se succédaient, car plusieurs d'entre eux amenaient le régiment de Carignan-

Salières dans la colonie. Le 18 juin, c'est *le Chat de Hollande* qui entre en rade et François en débarque. Étonnant nom pour un voilier, penserons-nous. En fait, il s'agit d'un type de vaisseau, d'un *cat*, explique M. Yvon Thibault, qui a fouillé les origines de sa famille. Ce genre de navire marchand était populaire notamment aux Pays-Bas.

Fils de Louis Thibault et de Nérée Gauthier, François était né à La Flotte, île de Ré. Il s'était engagé à La Rochelle, le 31 mars 1665, auprès de l'armateur Pierre Gaigneur, pour aller travailler en Nouvelle-France pendant une période de trois ans, à raison de 75 livres par année. C'est chez un charpentier de la côte de Beaupré, Robert Paré, qu'il entrera en service comme domestique.

Une fois son contrat d'engagement terminé, François décide de s'établir sur la côte et, en 1669, il y achète une terre pour la somme de 45 livres : il devra donner au seigneur, annuellement, 52 sols et six deniers de cens, de même qu'un chapon et deux faisans en guise de rente. Le lot est situé tout près de la rivière Sainte-Anne.

C'est que François a décidé de fonder un foyer. Il jeta les yeux sur une fille du roi originaire de Paris, Élisabeth-Agnès Lefebvre. Cette dernière avait tout d'abord signé un contrat de mariage avec Nicolas Nauteau, mais les tourtereaux avaient par la suite décidé conjointement de le faire annuler. Le mariage fut célébré le 14 octobre 1670.

Mais le couple ne persévérera pas sur la côte de Beaupré. Il vend la terre achetée en 1669 et va s'établir sur une autre, dans la seigneurie de Vincelotte. François et Élisabeth-Agnès n'ont encore qu'une fille, née sur la côte de Beaupré. C'est au Cap-Saint-Ignace que naîtront les onze autres enfants. En 1681, François cultive cinq arpents et possède quatre bêtes à cornes.

Au total, le couple Thibault/Lefebvre eut douze enfants, dont cinq fils. Trois de ceux-ci fondèrent des foyers : Jean-François en 1704 avec Marie-Anne Guimond, fille de Claude et d'Anne Roy (sans postérité) et en 1705 avec Angélique Proulx, fille de Jean et de Jacquette Fournier (15 enfants dont 9 fils, tous nés à L'Islet); Jacques en 1703 avec Marie-Anne Proulx, sœur d'Angélique (12 enfants dont 6 fils, tous nés à Montmagny); et Louis, en 1716, avec Cécile Fournier, fille de Jean et de Marie Roy (10 enfants dont 3 fils, tous nés, eux, au Cap-Saint-Ignace).

Les sept filles fondèrent des foyers : Élisabeth en 1691 avec Jacques Bélanger (4 enfants) et en 1700 avec Martin Rousseau (11 enfants); Marie-Anne en 1703 avec Louis Cloutier (11 enfants); Geneviève en 1699 avec Jean-François Bélanger, le frère de Jacques (3 enfants); Anne en 1704 avec Jean Dumay ou Dumais (3 enfants) puis en 1717 avec Jean Dirigoyen (sans postérité); Angélique en 1705 avec Michel Mignier dit Lagacé (10 enfants); Madeleine en 1710 avec Charles Gaudreau (11 enfants; l'un des fils allait contracter pas moins de cinq mariages); et Barbe en 1714 avec Nicolas Fournier (un fils).

François Thibault décéda en 1724. Sa veuve ne lui survécut que quelques mois.

On constatera que les deux autres pionniers déjà mentionnés, Denis et Michel, n'ont pas connu une progéniture comparable à celle du prolifique ancêtre François.

L'église Sainte-Catherine de La Flotte, en île de Ré. C'était la paroisse de la famille Thibault, donc de l'ancêtre François.

Originaire de la région de Mâcon, Denis, fils d'Étienne et de Philiberte Pressanoi, était menuisier. Le 13 août 1669, à Sainte-Famille, île d'Orléans, il conduisait à l'autel Andrée Caillaud, fille de Laurent et de Julienne Pier. Le couple vécut tout d'abord à Sainte-Famille, puis à Saint-Laurent, toujours dans l'île d'Orléans. Huit enfants naquirent de cette union. Il semble qu'un seul fils, Jean, se soit marié et son épouse, Anne Paquet, ne lui en aurait donné qu'un seul, de même prénom. Chez les filles, Marie-Anne épousa Jean Gauthier en 1707 et François Nolet en 1728; on sait peu de chose au sujet de leurs sœurs.

Quant à Michel Thibault, il vint de France avec son épouse, Jeanne Soyer, peu après le mariage. Le couple se fixa tout d'abord sur la côte Saint-Ignace, à Sillery,

Cette cloche a sans doute tinté au baptême de chaque fils de La Flotte qui devait plus tard partir pour la Nouvelle-France. Elle comporte les armoiries du cardinal de Richelieu, en reconnaissance sans doute de sa participation financière à la restauration des églises de l'île dévastées par les huguenots et les Anglais.

où il cultivait déjà douze arpents de terre en 1667. Plus tard, il s'installera plus à l'ouest, dans la seigneurie de Saint-Maur (Saint-Augustin).

Les époux Thibault/Soyer eurent six enfants dont un seul fils, Jean-Baptiste. Celui-ci, le 24 novembre 1699, conduisit à l'autel Marie-Françoise Amiot, fille de Mathieu et de Marie Miville. Douze enfants naquirent de cette union, mais plusieurs décédèrent en bas âge. Au moins deux fils, Jean-Baptiste et Étienne, se marièrent à leur tour et eurent plusieurs enfants dont une dizaine de fils.

Comme on le constate, des trois pionniers Thibault mentionnés jusqu'ici, c'est le premier, François qui fut le plus prolifique.

Ceux de ses descendants qui souhaitent voir la commune où il a été tenu sur les fonts baptismaux le peuvent facilement, car un élégant pont moderne relie maintenant l'île de Ré à la terre ferme, juste au-dessus de La Rochelle. En pénétrant dans l'église de La Flotte, ils pourront aussi examiner la cloche qui, sans doute, tinta joyeusement lors du baptême : coulée en 1632, il fallut, en 1955, la descendre du clocher à cause de l'usure de ses anneaux de soutien. Peu de nos contemporains peuvent jouir de semblable privilège !

Deux inscriptions marquent la terre
de l'ancêtre Guillaume Thibault

Nous avons vu, dans le précédent chapitre consacré aux Thibault, combien l'ancêtre François, originaire de l'île de Ré, avait été prolifique. Or, l'un de ses homonymes, prénommé Guillaume, un Normand, qui eut moins d'enfants que lui, n'en a pas moins contribué, nous le verrons, à la revanche des berceaux, notamment par un de ses fils qui fut père de... vingt-cinq enfants!

Fils d'un bourgeois de Rouen, Nicolas Thibault, et d'Élisabeth Anséaume, Guillaume naquit vers 1618. En avril 1643, il signe un contrat d'engagement pour la Nouvelle-France en qualité de boulanger. Plus tard, il se déclarera tailleur d'habits. Le 16 novembre 1654, il se présente auprès du notaire Audouart avec sa future compagne de vie, Marie-Madeleine Lefrançois, originaire de Metz, en Lorraine. C'est une orpheline et son père, Isaac, avait été capitaine d'une compagnie de chevau-légers; sa mère s'appelait Esther Paigne. Les chevau-légers étaient un corps de cavalerie chargé de la garde du roi.

L'abbé Jean Le Sueur de Saint-Sauveur, premier prêtre séculier venu en Nouvelle-France, bénit le mariage le 11 janvier 1655.

Depuis cinq ans déjà, Guillaume exploitait une concession située sur la côte de Beaupré. Le baptême des premiers enfants figure dans les registres de Québec. Or, il s'écoula pas moins d'une cinquantaine de jours entre la naissance de la deuxième enfant, en janvier 1657, et le moment où on put la présenter sur les fonts baptismaux. On est en plein hiver : les communications ne sont pas faciles !

C'est au Château-Richer même que les derniers enfants seront portés au baptême, et c'est là qu'en 1667 les recenseurs procèdent au relevé de la famille. Celle-ci se compose déjà de sept enfants dont les âges vont de 2 à 12 ans. Un huitième, le dernier, verra le jour l'année suivante. Le couple cultive alors quinze arpents de terre avec l'aide d'un domestique, Robert Vaillancourt, et possède cinq bêtes à cornes.

Si les descendants de Guillaume souhaitent savoir où se trouvait la terre de l'ancêtre, il est facile de la trouver : les maisons du Château-Richer qui portent les numéros civiques 8431, 8454 et 8480 de l'avenue Royale s'y trouvent de nos jours. La première et la troisième, d'ailleurs, comportent des inscriptions qui le rappellent.

Deux filles virent d'abord le jour, Charlotte-Françoise en 1655 puis Jeanne-Marguerite en 1657. La première contracta deux mariages : en 1670 avec Félix Aubert (6 enfants) et en 1691 avec Jean Rivière (2 enfants). Jeanne-Marguerite unit sa destinée à celle de Guillaume Boucher en 1672 (une fille).

Puis survinrent quatre fils. L'aîné, prénommé Guillaume comme son père, épousa en 1681 Marie Guyon, fille de Simon et de Louise Racine (6 enfants dont 4 fils); il jouissait sans doute de l'estime générale car, en 1692, il était marguillier en charge de la paroisse. Le suivant, François, choisit pour compagne de vie en 1687 Marie-Anne Dupré, fille d'Antoine et de Marie-Jeanne Guérin (13 enfants dont 7 fils). Le troisième, Charles, s'était marié en 1684 avec Louise Guyon, la sœur de Marie; l'union demeura sans postérité. Puis naquit Nicolas, qui mérite un paragraphe à lui seul.

Ce fut ensuite une fille, Anne, que Charles Cloutier conduisit à l'autel en 1685 (13 enfants). Enfin, un dernier fils, Étienne, mit un point final à la famille. On sait qu'il décéda après le recensement de 1681, mais rien de plus.

Nicolas, avons-nous dit, mérite une mention spéciale; c'est qu'il contracta trois mariages et fut père de vingt-cinq enfants: en 1686 avec Marie-Françoise Boucher, fille de François et de Florence Gareman (10 enfants); en 1704 avec Anne Badeau, fille de Jean et de Marguerite Chalifou, veuve de Siméon Barbeau qu'elle avait rendu père cinq fois (4 enfants); et en 1712 avec Marie Paquet, fille de Louis et de Geneviève Leroux (11 enfants). Au moins quatre des fils issus des premier et troisième mariages fondèrent des foyers à leur tour.

L'ancêtre Guillaume décéda au Château-Richer en 1686. Sa veuve se remaria, dix ans plus tard, avec François Fafard.

Allons maintenant à la rencontre d'un autre pionnier, Pierre Thibault dit l'Éveillé. C'était un soldat originaire d'Agen, actuelle préfecture du département de Lot-et-Garonne. À cinq kilomètres de cette ville existe toujours un lieu-dit appelé Montréal. La duchesse d'Ai-

Au 8431 de l'avenue Royale, au Château-Richer, cette maison ancestrale comporte une inscription indiquant qu'elle se trouve sur la terre concédée en 1650 à Guillaume Thibault.

guillon, nièce du cardinal de Richelieu, en était d'ailleurs la seigneuresse. Coïncidence, c'est à Montréal qu'en 1687 il épousa Catherine Beaudry, fille d'Antoine et de Catherine Guyard. Pierre, d'ailleurs, passa sa vie dans l'île de Montréal, tout d'abord à la Pointe-aux-Trembles, puis à Rivière-des-Prairies.

Le couple eut quinze enfants, mais cinq décédèrent en bas âge. Quatre fils fondèrent des foyers. Pierre, né vers 1688, épousa en 1717 Marguerite Bizeux, fille de Jean et de Madeleine Barsa (7 enfants). L'année précédente, Nicolas avait conduit à l'autel Marie-Anne Simon, fille de Léonard et de Mathurine Beaujean (7 enfants); l'une des filles, hélas, se noya en 1745.

En 1724, François se maria avec Véronique Serat dite Coquillard, fille de Pierre et de Françoise Sabourin

(6 enfants). L'année suivante, Jean-Baptiste choisit pour compagne de vie Jeanne Deniau, fille de Pierre et de Marie-Anne César (9 enfants dont 8 fils; quatre de ceux-ci furent pères de famille).

Chez les filles, cinq se marièrent: Catherine en 1711 avec Nicolas Benoît, Marguerite en 1716 avec Thomas Hust, Marie en 1726 avec Jean-Baptiste Hervé, Marie-Josèphe en 1730 avec Antoine Lacoste et Marie-Anne en 1725 avec Jacques Deniau. Il ne semble pas qu'une sixième, Marie-Madeleine, ait fondé un foyer.

Lorsque les Messieurs de Saint-Sulpice font procéder au relevé d'aveu et dénombrement de leur seigneurie de l'île de Montréal, en 1731, on y trouve un certain Pierre Léveillé qui, à Rivière-des-Prairies, possède une terre de trois arpents de front avec maison, grange et

Cette autre maison, dont le carré évoque l'architecture traditionnelle du Québec et située en 8480 de l'avenue Royale, au Château-Richer, a été érigée sur la terre du pionnier Guillaume Thibault.

étable. Il s'agit probablement du fils aîné de l'ancêtre venu d'Agen et qui aurait choisi son surnom de Léveillé pour patronyme. C'est là qu'il s'était établi dès après son mariage et avait porté ses enfants au baptême. Dans le même rang sont installés ses deux frères, Nicolas et Jean-Baptiste, qui ont déclaré être des Thibault.

Quant au pionnier Pierre Thibault dit L'Éveillé, il décéda au Sault-au-Récollet en 1740.

Les Tousignant, une famille
originaire de la Guyenne

On serait porté à penser, à prime abord, que la Gironde est l'un des principaux fleuves de France. C'est en fait un estuaire que forment, en se rencontrant, la Garonne et la Dordogne. La Garonne, qui prend sa source dans le nord de l'Espagne puis arrose le Sud-Ouest de la France, draine le bassin d'Aquitaine. La Dordogne a le Massif central pour point de départ et se jette dans la Garonne au bec d'Ambès, soit à un peu plus de 20 km en aval (au nord) de Bordeaux.

Un peu plus bas (10 km), un plateau couronne une falaise, sur la rive droite de la Gironde. Une importante commune, Blaye, s'y déploie (5 000 hab.); c'est un chef-lieu d'arrondissement du département de Gironde; elle possède un port pétrolier et se trouve au centre d'une région viticole. Mais si les touristes la fréquentent, c'est surtout à cause de la forteresse que Vauban y a construite au XVIIe siècle et des recherches qu'on y poursuit pour dégager les importants vestiges de l'abbaye Saint-Romain.

On peut atteindre Blaye depuis Saintes par la N 137, via Pons et Mirambeau (74 km). La citadelle, à laquelle deux portes donnent accès, est une véritable petite ville en soi. On y visite la maison du commandant d'Armes, où loge le Musée d'histoire et d'art du pays blayais, les ruines d'un château fort gothique, la place d'Armes, le couvent des Minimes, etc. Nous sommes dans l'ancienne province de Guyenne.

Blaye est la patrie d'origine des familles Tousignant du Québec. Un seul pionnier de ce nom est venu en Nouvelle-France au cours du XVIIe siècle. Lui et ses descendants furent certainement prolifiques, car dans le seul annuaire téléphonique de Montréal, on trouve près de 300 abonnés de ce nom, et ceci ne comprend évidemment pas les demoiselles Tousignant qui ont épousé... un autre patronyme !

Les dictionnaires généalogiques ne mentionnent pas la date du baptême de l'ancêtre, Pierre Tousignant dit Lapointe, mais grâce à la ténacité de l'un de ses descendants, M. Charles Tousignant, de Montréal, nous savons que ce fut le 20 mars 1641. Il a obtenu photocopie de l'acte de baptême et d'autres renseignements par le truchement de l'Amitié généalogique bordelaise.

Pierre Tousignant était le fils de Hugues et de Marie Talay. C'est sur les fonts baptismaux de Saint-Romain qu'il fut fait enfant de l'Église. Le temple paroissial n'existe plus, car il fallut le démolir pour permettre l'édification de la citadelle.

L'ancêtre vint-il en Nouvelle-France en qualité de soldat ? Probablement, car on ne trouve pas son nom dans les recensements de 1666 et de 1667, et lors de ces relevés, on n'a pas tenu compte des militaires. En tout cas, le 17 octobre 1668, il épousait à Québec Marie-Madeleine Philippe, une fille du roi originaire de la paroisse parisienne de Saint-Étienne-du-Mont. Elle était la fille de Nicolas et de Marie Cirier. Le même jour, deux autres pionniers prononçaient également le oui sacramentel, Gilles Masson et Michel Gauron, chacun conduisant aussi à l'autel une fille du roi. Les mariés devaient être des amis, car ils agirent comme témoins les uns des autres. C'est seulement le 26 octobre que le couple Tousignant/Philippe signa son contrat de mariage par-devant le notaire Pierre Duquet.

C'est dans la seigneurie des Grondines, appartenant aux Hospitalières de Québec que Pierre Tousignant et son épouse se fixèrent. La Compagnie de la Nouvelle-France, à l'instigation de la duchesse d'Aiguillon, avait concédé ce domaine aux religieuses, le 1er décembre 1637. En 1675 seulement, les Hospitalières ratifièrent-elles la concession accordée plus tôt à l'ancêtre Pierre. Il s'agissait d'une terre de trois arpents de front située entre celles de François Duclos et de Michel Gauron, qui était dit Petitbois. Même si celui-ci avait été témoin au mariage de Pierre, il ne put réprimer un sursaut de colère à l'égard de l'épouse de son voisin et lui porta des coups qui lui valurent une amende de la part du Conseil souverain. C'était en 1673.

Fut-ce l'un des facteurs qui incitèrent Pierre à s'établir plus tard de l'autre côté du fleuve, dans la seigneurie de Lotbinière? C'est là qu'en 1681 les recenseurs trouvent sa famille. Pierre met six arpents en valeur et possède trois bêtes à cornes. C'est seulement quelques années plus tard qu'il obtiendra le titre de sa terre, qui mesure quatre arpents de front sur quarante de profondeur.

Le couple Tousignant/Philippe eut sept enfants. Deux filles naquirent tout d'abord, Marguerite et

Aux Grondines subsiste l'un des plus anciens moulins à vent du Québec. Il servit longtemps de phare. On l'avait érigé en 1674. Comme ce fut un moulin banal, on peut croire que Pierre Tousignant y porta ses grains à moudre.

La forteresse construite par Vauban au XVIIe siècle domine l'estuaire de la Gironde. Elle avait été conçue pour défendre l'accès de navires ennemis au port de Bordeaux. Pour l'ériger, il fallut démolir l'église Saint-Romain où l'ancêtre Pierre Tousignant avait été baptisé.

Madeleine. Elles épousèrent respectivement Noël Barabé (1687) et le chirurgien Simon-Jean Denevers (vers 1690).

Selon M. Charles Tousignant, que nous avons cité plus haut, trois fils virent ensuite le jour. Tout d'abord, vers 1676, Jean-Baptiste, qui était dit Noël et qui, le 30 octobre 1714, épousa, au Cap-Santé, Agnès-Charlotte Méthot, fille d'Abraham et de Marie-Madeleine Mézeray; douze enfants naquirent de cette union, dont six fils, qui comptent une nombreuse descendance. Puis, vers 1678, naissait Jean-Joseph. Malgré des expéditions au fort Pontchartrain du Détroit, il eut quatre fils et autant de filles de son épouse, Anne-Thérèse Hamel, fille de Jean et de Christine-Charlotte Gaudry, qu'il avait conduite à l'autel, à Lotbinière, vers 1716.

Enfin, Michel, né vers 1679, remplit aussi un engagement au fort Pontchartrain puis, au retour, fonda un foyer à Lotbinière, le 31 décembre 1712, avec Marie-Catherine Lemay, fille d'Ignace et d'Anne Girard, qui lui donna deux fils et trois filles.

Deux filles complétèrent la famille, Marie-Madeleine et Catherine-Agnès. On ne sait si la cadette se maria, mais Marie-Madeleine épousa (vers 1702) Pierre François, à Longueuil, puis (1719) le soldat Yves-Pierre Godu dit Sansoucy, à Varennes. Cinq enfants naquirent du premier mariage alors que le second fut sans postérité.

Le pionnier Pierre Tousignant contribua généreusement au peuplement de la colonie. À un certain moment, il se trouvait tant de Tousignant à Lotbinière, à Deschaillons et aux Becquets qu'ils eurent recours à des sobriquets. Lorsqu'en 1721 le procureur général Collet dresse un rapport sur les requêtes des habitants, les frères Tousignant figurent au nombre des porte-parole des paroissiens de Lotbinière.

La famille Viger, une pépinière d'hommes politiques

Le Rouennais Désiré Viger, fils de Nicolas et de Robine Lessard, ne s'est peut-être pas taillé une place prestigieuse dans nos annales, mais s'il n'avait eu l'heureuse initiative de franchir l'Atlantique, sa descendance nous aurait privés de plusieurs hommes politiques, dont le premier maire de Montréal.

De l'église Saint-Sauveur où il a été baptisé, à Rouen, il ne subsiste plus que des vestiges, sur la place du Marché, là où Jeanne d'Arc avait été brûlée deux siècles plus tôt. Il était matelot et ses débuts furent fort modestes: domestique à l'emploi de Charles Le Moyne. Le 19 septembre 1667, il épousait Catherine Moitié, fille de Jacques, huissier royal, et de Françoise Langevin.

Les trois premiers enfants du couple furent baptisés à Montréal, mais les deuxième et troisième étaient nés à Longueuil, dont Le Moyne était seigneur. Charles, l'aîné, épousa à Montréal, en 1694, Françoise Guertin, fille de Louis et d'Élisabeth Camus, et eut onze enfants, dont huit atteignirent l'âge adulte. En 1687, Noëlle joignit sa destinée à celle de Joseph Leduc dit

Lespérance, mais celui-ci décéda quelques mois plus tard; elle se remaria dès 1688 avec Jacques Périnault dit Lamarche, à qui elle donna dix enfants; le premier des fils, Toussaint, allait être le père de Joseph Périnault, qui fut coseigneur de l'île Bizard et codéputé de Huntingdon. Le troisième enfant, Jacques, qui fut maître constructeur de barques, conduisit à l'autel, en 1695, Marie-Françoise César, fille de François et d'Anne Delestre. Dix enfants naquirent de cette union. Arrêtons-nous un instant à l'aîné, également prénommé Jacques.

Celui-ci épousa tout d'abord, en 1727, Marguerite Brodeur, fille de Jean-Baptiste et de Marguerite Messier, mais elle décéda dès l'année suivante. En 1729, il contracta une seconde union, avec Marie-Louise Riday, fille de Jean et de Louise-Catherine Duboc, cette dernière étant d'origine huronne. De ce nouveau mariage naquirent onze enfants, dont trois fils qui briguèrent les suffrages populaires avec succès et furent élus codéputés: Jacques, de Chambly, René, de L'Assomption, et Denis, de Montréal. À cette époque, chaque circonscription élisait deux représentants. Ajoutons que le premier des trois fut le père d'un autre Jacques qui, en 1764, conduisit à l'autel Amarante Prévost. De ce couple devait naître un fils de même prénom, qui eut pour parrain le notaire Joseph Papineau, père du célèbre tribun, et qui allait devenir le premier maire de Montréal en 1833.

Mais revenons aux autres enfants du couple Viger/Moitié, qui virent tous le jour à Boucherville, où Désiré acheta en 1673 une habitation du chirurgien Gilbert Guillemin. Trois filles y naquirent tout d'abord: Catherine, Marie-Françoise et Madeleine. En 1694, Catherine épousa Daniel Poirier dit Lajeunesse et eut quatorze enfants tous nés à Boucherville. En 1722, Marie-Françoise devenait la deuxième femme de Jean Bougret dit Dufort, une union qui demeura sans postérité. Quant à Madeleine, elle décéda à l'âge de trois ans.

Quatre autres enfants vinrent ensuite compléter la famille. François, né en 1681, unit sa destinée, en 1702, à celle de Françoise Lamoureux, fille de Louis et de Françoise Boivin et veuve du charpentier Noël Chapleau, qui lui donna treize enfants, tous baptisés à Boucherville. Puis naquit Marie-Madeleine en 1683; elle épousa Pierre Laporte en 1712. Survint un autre fils, Louis, né en 1685, et qui eut pour parrain nul autre que Louis-Armand de Lom d'Arce, le célèbre baron de La Hontan, qui séjourna pendant dix ans en Amérique du Nord et que Frontenac, en 1690, chargea d'aller annoncer à la cour qu'il avait résisté avec succès au siège de Québec par l'amiral Phips. On sait peu de chose de Louis Viger car il se fixa en Louisiane où un recensement de 1724 note sa présence. Enfin, un dernier fils naquit au couple Viger-Moitié, Maurice, en 1687, mais il décéda au berceau.

En 1687, l'ancêtre Désiré reconnaît devoir 300 livres à la succession de Jean Aubuchon, que l'on a trouvé assassiné dans son lit en décembre 1685, et c'est le baron de Lahontan qui agit comme témoin lors de la passassion de l'acte par-devant le notaire Cabazié, à Montréal. Désiré n'avait que 42 ans lorsqu'il décéda à Montréal en mars 1688. Sa veuve se remaria en novembre de la même année avec Jean Poirier dit Lajeunesse, qui était arrivé à Québec en 1665 comme soldat de la compagnie de Chambly du régiment de Carignan. Poirier avait eu dix enfants d'un premier mariage et Catherine Moitié lui en aurait donné un s'il avait survécu à sa naissance.

Nous avons déjà mentionné trois descendants de l'ancêtre Désiré qui ont été députés, les frères Jacques, René et Denis Viger. Ajoutons à cette énumération Louis-Michel et François Viger, qui représentèrent aussi le comté de Chambly, et Denis-Benjamin Viger, qui entra à l'Assemblée en même temps que son cousin, Louis-Joseph Papineau, en 1808, pour y représenter le quartier Ouest de Montréal. Citons aussi le patriote Bonaventure Viger, cousin de Denis-Benjamin: avec une poignée d'hommes, il libéra, près de Longueuil, le docteur Davignon et le notaire Desmaray, que l'on conduisait à la prison de Montréal pour avoir participé activement à des assemblées contre le pouvoir.

Il ne subsiste plus, à Rouen, sur la place du Marché, que des vestiges des fondations de l'église Saint-Sauveur, paroisse de l'ancêtre Désiré Viger. Elles voisinent la nouvelle église dédiée à Jeanne d'Arc.

Cette belle plaque de bronze apposée sur l'hôtel de ville de Montréal, du côté de la place Vauquelin, rappelle que Jacques Viger fut le premier maire de la ville en 1833.

Mentionnons pour terminer deux autres Viger venus en Nouvelle-France au XVIIᵉ siècle. En 1687, à Québec, Jean-Baptiste Viger, fils du marchand pelletier Jean Viger et d'Anne Bal, épouse Catherine-Gertrude Grouard, fille de Richard et de Marie Languille. Originaire de la paroisse Saint-Nizier, à Lyon, il se dit marchand pelletier et *manchonnier*. Les dictionnaires généalogiques mentionnent quatre enfants issus de ce couple, dont trois fils. On ne sait ce qu'il advint de l'aîné, Jean-Baptiste, né en 1689. Le suivant, Paul, décéda à l'âge de deux ans. Charles-Louis, né à la fin d'avril 1695, après le décès du père inhumé le jour de Noël précédent, épousa en 1722 Marie-Catherine Girardeau, fille de David et de Catherine-Romaine Dechambe. Un fils de ce couple, prénommé Augustin, contracta deux mariages, l'un en 1725 avec Marie-

Josèphe Lecour et l'autre en 1761 avec Catherine-Josèphe Parant.

Quant à Jacques Viger dit Galop, qui épousa Marie Morin à Lachine en 1679, nous ne le mentionnons que pour l'anecdote. Condamné l'année suivant son mariage pour insultes et coups, il s'enfuit en Nouvelle-Angleterre, sans doute au galop, après que deux bons samaritains eurent versé une caution de cent livres pour sa sortie de prison. Son mariage fut annulé.

FAMILLES QUI ONT FAIT L'OBJET DE CHAPITRES DANS LES DEUX PREMIERS TOMES

Tome 1

ARCHAMBAULT
AUBUT
BAILLARGEON
BOUCHER
CADIEUX
CHOUINARD
CLOUTIER
CROTEAU
DROUIN
DUGUAY
GAGNÉ
GAGNON
GAUDREAU
GAULIN
GIGUÈRE
GIROUX
GOSSELIN
GOULET
GRAVELLE
GUAY
GUIMOND
GUYON
HAINAULT
HAMEL
HÉBERT

HOUDE
LANDRY
LAPORTE
LARUE
LÉVESQUE
MATHIEU
MERCIER
MESSIER
MIGNAUX
MIVILLE
OUIMET
PARADIS
PELLETIER
PÉPIN
PERRON
POITRAS
PRÉFONTAINE
PRÉVOST
RIOU
SAINTE-MARIE
SIMARD
TESSIER
TREMBLAY
TRÉPANIER
TRUDELLE

Tome 2

ADAM
AYOTTE
BACON
BARBEAU
BARON
BEAULIEU
BEAUREGARD
BERTRAND
BISSON
BOIVIN
BOULAY
CAMPAGNA
CARON
CAUCHON
CHARRON
CHRÉTIEN
CONTANT
DAMOURS
DESLAURIERS
DRAPEAU
DUBOIS
DUFOUR
✓ FALARDEAU
FILION
` GAMACHE
GARAND
HUDON

LANGELIER
LANGEVIN
LAUZON
LECLERC
LEGAULT
LÉGER
LEMIEUX
LEMIRE
LEPAGE
LESSARD
LUSIGNAN
MAHEU
MARCOTTE
MASSON
PAQUET
PIGEON
PILON
PLANTE
POULIOT
PROTEAU
RACINE
ROULEAU
SAINDON
SYLVESTRE
TOUPIN
VACHON

LISTE DES FAMILLES DU PRÉSENT TOME (3)

Index onomastique

330

Bastien, Jeanne-Angélique, 17
Bastien, Ludger, 19
Bastien, Marie, 17
Bastien, Oscar, 19
Bastien, Philippe, 15, 18
Bastien, Pierre, 16
Bastien, Rosaire, 17
Bau, Jean, 297
Bau, Marie, 297
Baucher, Guillaume, 10
Baucher dit Morency, Guillaume, 12
Baucher, Joseph, 11
Baucher, Louise, 10, 221
Baudard, Catherine, 10
Baudreau, Marie-Anne, 201
Baugis, Jean, 213
Baugis, Marie-Madeleine, 213
Bauves, Charles de, 190
Bazil, Louise-Josèphe, 114
Bazin, Hervé, 8
Bazire, Marie, 127
Beau, Louise, 243
Beauchamp, Jacques, 128
Beauchamp, Jeanne, 128, 264
Beaudin, Marie-Geneviève, 195
Beaudoin, Guillaume, 201
Beaudoin, Marguerite, 201
Beaudoin, Marie-Madeleine, 59
Beaudry, Anne, 23
Beaudry, Antoine, 310
Beaudry dit L'Épinette, Antoine, 26
Beaudry, Barbe, 26
Beaudry, Catherine, 26, 310
Beaudry, Françoise, 23
Beaudry dit Desbuttes, Guillaume, 22

Beaudry, Jacques, 23
Beaudry dit Lamarche, Jacques, 23
Beaudry, Jean, 21
Beaudry, Jean (dit Jacques), 25
Beaudry, Jean-Baptiste, 25
Beaudry, Jean-Louis, 26
Beaudry, Jeanne, 22, 23, 26
Beaudry, Joseph, 22, 23
Beaudry, Louis, 25, 164
Beaudry, Madeleine, 23
Beaudry, Marguerite, 23, 26
Beaudry, Marie, 22, 26
Beaudry, Marie-Madeleine, 23
Beaudry, Prudent, 26
Beaudry, Toussaint, 23, 25
Beaudry dit Lamarche, Urbain, 21, 22, 24
Beaudry, Victor, 26
Beaujean, Mathurin, 310
Beaumont, Élisabeth, 195
Beaune, Clémence, 53, 113
Beaune, Jean, 113
Beaune, Jean-Baptiste, 270
Beauvais, Barbe, 53
Beauvais, Jacques, 53
Becquet, Romain, 144, 266
Bégon, Michel, 129
Béland, Marie-Angélique, 238
Bélanger, André, 32
Bélanger, Bertrand, 30
Bélanger, Charles, 29
Bélanger, François, 27-29, 156
Bélanger, Françoise, 156
Bélanger, Isabelle, 176
Bélanger, Jacques, 29, 303
Bélanger, Jean-François, 29, 303

— D —

339

Desrosiers dite Désilets, Marie-Anne, 286
Desrosiers dit Désilets, Michel, 286
Dessert, Marie-Anne, 17
Destroismaisons, Agathe, 266
Dicaire, Rosalie, 198
Diel, Marie-Josèphe, 154
Dionne, Marie-Madeleine, 38
Dirigoyen, Jean, 303
Dodier, Anne, 41
Dodier, Barbe, 40
Dodier, Catherine, 285
Doigt, Ambroise, 31
Dollier de Casson, François, 25, 247
Doribeau, Catherine, 230
Drapeau, Jean, 242
Drapeau, Madeleine, 242
Drapeau, Marie, 101
Drouet, Joanne, 57
Drouin, Catherine, 225
Drouin, Élisabeth, 182
Drouin, Jeanne, 31
Drouin, Marguerite, 10
Drouin, Marie-Charlotte, 80
Drouin, Nicolas, 10
Drouin, Robert, 28
Dubé, Marie-Madeleine, 35
Dubeau, Barbe, 96
Dubeau, Toussaint, 96
Duboc, Louise Catherine, 320
Dubois, Anne, 86
Dubois, Jacques, 263
Dubois, Marguerite, 252
Dubois, Marie, 87
Dubois, René, 252
Ducharme, Marie-Madeleine, 191
Duchesne, Barbe, 243
Duchesne, Constance, 177
Duchesne, Jacques, 41

Duchesne, Marie, 224
Duchesne, Pierre, 144, 177
Duchesne, Ursule, 41
Duchesneau, François, 90
Duchesneau, Jacques, 29, 88, 90-93, 127
Duchesneau, Jean-Baptiste, 91-93
Duchesneau, Joseph, 91
Duchesneau, Marie-Angélique, 90
Duchesneau, Marie-Charlotte, 91
Duchesneau, Marie-Jeanne, 90, 91
Duchesneau, Marie-Thérèse, 90
Duchesneau, Pierre, 88, 90
Duchesneau, René, 90
Duchesneau dit Sansregret, René, 88-92
Duchesnon, Marie, 231
Duclas, François, 49
Duclos, Élisabeth, 154
Duclos, François, 193, 315
Duclos, Louise, 193
Duclos, Marie-Charlotte, 49
Dufault, Marie-Françoise, 17
Dufour, Robert, 40
Dufrost de LaJemmerais, Christophe, 121
Dufrost de LaJemmerais, Marie-Marguerite, 121
Dufresne, Anne, 221
Dufresne, Marie, 266
Dufresne, Pierre, 221
Duguay, Jacques, 23
Dugué de Boisbriand, Michel-Sidrac, 125
Duhamel, Catherine, 160
Duhamel, Jean, 160
Dulignon, Jean, 102

Gamelin, Françoise, 65
Gamelin, Marie-Françoise, 261
Gamelin, Michel, 261
Garand, Agnès-Marguerite, 249
Garand, Angélique, 178
Garand, Pierre, 178, 249
Gardrat, J.-H., 235
Gareau, G.-Robert, 272
Gareman, Florence, 309
Gargottin, Louise, 140
Gariépy, François, 142
Garnier, Joseph, 31
Gasnier, Anne, 150
Gastonguay v. Guay
Gaudreau, Charles, 45, 303
Gaudreau, Jean, 107
Gaudreau, Marie-Anne, 45
Gaudry, Angélique, 59
Gaudry, Christine-Charlotte, 317
Gaudry, Françoise, 191
Gaudry, Jacques, 59, 182
Gaudry, Marie-Angélique, 182
Gaulin, Marguerite, 194
Gaumond, Jean, 167
Gaumond, Madeleine, 167
Gauron dit Petitbois, Michel, 315
Gautron, Marie, 189
Gauthier, Agnès, 264
Gauthier, André, 120
Gauthier, Angélique, 127
Gauthier, Anne, 124
Gauthier, Antoine, 130
Gauthier, Augustin, 126
Gauthier, Catherine, 100
Gauthier, Catherine-Angélique, 127
Gauthier, Charles, 126

Gauthier de Boisverdun, Charles, 120, 272
Gauthier, Claude, 127
Gauthier, Étienne, 126
Gauthier, Eugénie, 198
Gauthier, François, 122, 126-128
Gauthier, Geneviève, 127
Gauthier, Germain, 264
Gauthier dit Saint-Germain, Germain, 128
Gauthier, Guillaume, 119
Gauthier, Ignace, 130
Gauthier, Jacques, 120, 121, 126, 129
Gauthier dit Sanscartier, Jacques, 129
Gauthier, Jacques-René, 121
Gauthier, Jean, 121, 124, 126, 128, 129, 304
Gauthier dit Larouche, Jean, 56, 127, 128
Gauthier, Jean-Baptiste, 122, 126
Gauthier, Jeanne, 124, 163
Gauthier, Joseph, 121, 126
Gauthier, Joseph-Élie, 120, 122, 123
Gauthier, Lambert, 125
Gauthier, Louis, 126
Gauthier, Louis-Bernard, 120
Gauthier, Madeleine, 121
Gauthier, Marcel, 89, 90, 120
Gauthier, Marguerite, 163
Gauthier, Marie, 272
Gauthier, Marie-Anne, 127
Gauthier, Marie-Louise, 124
Gauthier, Marie-Marguerite, 121
Gauthier, Marie-Renée, 121
Gauthier, Mathurin, 119, 124, 125, 163

Gauthier, Nérée, 302
Gauthier, Philippe, 100, 119
Gauthier, sieur de Comporté, Philippe, 127
Gauthier, Pierre, 125, 126, 128, 130
Gauthier de Varennes, sieur de La Vérendrye, Pierre, 121
Gauthier, sieur de la Vérendrye et de Boumois, Pierre, 121
Gauthier dit Saguingoira, Pierre, 121, 128
Gauthier dit Larose, René, 122, 123
Gauthier, sieur de Varennes, René, 120, 121
Gauthier, Samuel, 120
Gauthier, Simon-Pierre, 130
Gayc, Louise, 117
Gazaille, Marie-Marthe, 54
Gély dit Laverdure, Jean, 169
Gély, Marie-Jeanne, 169
Genaple, François, 89, 169
Gendras, Marie-Ursule, 237
Gendreau, Anne, 181
Gendron, Anne, 221
Gendron, Jacques, 221
Genest, Jacques, 230
Genest, Marie, 230
Genin, Marie, 271
Gentès, Angélique, 126
Genus, Marie-Amable, 198
Geoffroy, Nicolas, 263
Gerbert, Marie, 14
Gerlaise, Marie-Josèphe, 214
Gerlaise dit Saint-Amant, Jean-Jacquet, 214
Germain, Marie-Madeleine, 58
Gervais, Jean, 153

Gervais, Mathieu, 153
Gervaise, Charles, 58
Gervaise, Cunégonde, 191
Gervaise, Jean, 70
Giboulleau, Marguerite, 133
Giffard, Louise, 45
Giffard, Robert, 28, 45, 155, 156, 160, 161, 259
Gignac, Marie-Louise, 195
Gignard, Marie, 30
Gignard, Pierre, 30
Giguère, François, 176
Giguère, Madeleine, 11
Giguère, Martin, 260
Gillet, Catherine, 210
Girard, Anne, 318
Girard, Antoine, 132
Girard, Étienne, 133
Girard, François, 133, 135
Girard, Jacques, 132, 133, 200
Girard, Jean, 133-135
Girard, Jean-Baptiste, 132, 133, 136
Girard, Jean-Pierre, 133
Girard, Joachim, 131, 132, 134, 136
Girard, Joseph-Marie, 135
Girard, Léon, 53, 133, 134
Girard, Louis, 135
Girard, Marie-Madeleine, 53
Girard, Michel, 131
Girard, Pierre, 132, 133, 135
Girard, Pierre-Louis, 133
Girard, René, 133
Girardeau, David, 323
Girardeau, Marie-Catherine, 323
Giraud, Anne, 124
Giraud, Marie, 11
Giraudière, Jean, 272
Glinel, Marie-Françoise, 212

Glory, Catherine, 250
Glory, Laurent, 241, 250
Glory, Thérèse, 241
Goard, Mathurine, 95
Godard dit Lapointe,
  Étienne, 179
Godbout, Archange, 261
Godbout, Marguerite, 195
Godé, Marie, 207
Godé, Nicolas, 247, 251
Godefroy, Jean-Paul, 131
Godefroy, Marie-René, 77,
  207
Godfroy, Jeanne, 157
Godin, Alexis, 142
Godin, Angélique, 142
Godin, Anne, 138, 142, 176
Godin, Antoine, 142
Godin, Barthélemy, 137
Godin, Catherine, 142, 185
Godin, Charles, 139-141
Godin, Charlotte, 114, 138,
  142
Godin, Claude, 138
Godin, Élie, 114, 137
Godin, François, 139
Godin, Françoise, 142
Godin dit Bellefontaine,
  Gabriel, 139
Godin, Geneviève, 142
Godin, Jacques, 138, 139, 142
Godin, Jean, 137
Godin, Jean-François, 140
Godin, dit Châtillon et
  Beauséjour, Laurent, 139
Godin, Louise, 142
Godin, Madeleine, 142
Godin, Marguerite, 142
Godin, Marie, 142
Godin, Perrine, 46
Godin, Pierre, 138-140

Godin dit Châtillon, Pierre,
  138
Godin, Ursule, 142
Godoin, Jeanne, 247
Godu dit Sansoucy,
  Yves-Pierre, 318
Gonthier, Hélène, 194
Gosselin, Gabriel, 248
Gosselin, Louise, 249
Gosselin, Michel, 249
Gougeon, Geneviève, 244
Gougeon, Marie, 244
Gougeon, Pierre, 244
Goulet, Louis, 142, 200
Goupil, Anne, 227
Gourlatier, Hilaire, 120
Gournay, Barbe, 126
Gournay, Guillaume, 84
Goyer, Catherine, 234
Goyer, Mathurin, 234
Goyon, Jacquette, 114
Grandeval, Marie, 195
Grandmaison, Éléonore de,
  205, 206
Gratiot, Françoise, 133
Gratiot, Jacques, 133
Gravel, Guillaume, 201
Grenat dit Lachapelle,
  Sébastien, 284
Grenier, Françoise, 155
Grenon, Pierre, 175
Greslon, Anne, 49
Greslon, Jacques, 49
Grignon, Catherine, 195
Grinon, Jacquette, 175
Groinier, Marguerite, 225
Groinier, Nicolas, 225
Groisard, Jeanne, 94
Groleau, Pierre, 255
Groleau, Thérèse, 255
Grondin, Marie-Madeleine,
  101

346

348

349

351

354

Miville, Geneviève, 36
Miville, Jean, 35
Miville, Marie, 306
Miville, Marie-Angélique, 35
Miville, Marie-Michèle, 249
Moinet, Anne, 243
Moinet, Antoine, 243
Moinet, Catherine, 242
Moinet, François, 244
Moinet, Jacques, 244
Moinet, Jean, 242, 243
Moinet dit Boismenu, Jean, 241, 242
Moinet, Jean-Baptiste, 243
Moinet, Jeanne, (dite Marie), 244
Moinet, Laurent, 243
Moinet, Louis, 244
Moinet, Marie-Françoise, 243
Moinet, Michel, 241
Moinet, Nicolas, 242
Moisan, Abel, 51
Moisan, Françoise, 51
Moison, Marie, 53
Moison, Nicolas, 53
Moitié, Catherine, 319, 322
Moitié, Jacques, 120, 319
Moitié, Marguerite, 120
Molins, Roland, 290
Mondy, Jacquette, 120
Monet dit Lamarche, Antoine, 246
Monet, François, 246
Monet dit Laverdure, François, 244
Monet, Jean, 246
Monet, Jean-Baptiste, 246
Monet, Jean-Baptiste (dit François), 246
Monet dit Belhumeur, Martin 246
Monet, Pierre, 246

Monette v. Moinet et Monet
Monette, Robert, 242
Mongrain dit Lafond, Jean, 67
Mongrain dite Lafond, Marie-Agnès, 67
Mongras, Gertrude, 65
Montambault, Thérèse, 160
Montmor v. Habert
Montpetit, Angélique, 154
Morand, Alexis, 237
Moras dit Lorrain, Jean, 90
Moreau dit La Grange, Jean, 255
Moreau, Thérèse, 126
Morel, Thomas, 29, 34
Morin, Françoise, 81
Morin dit Boucher, Jacques, 114
Morin, Jean, 81
Morin, Marie, 324
Morisset, Jean, 11
Morisset, Marie, 11
Morissette, Angélique, 212
Morlet, Marie-Thérèse, 33, 111, 210, 217
Motard, François-de-Sales, 212
Motte-Tilly, Jean Baptiste de la, 129
Mullard, Jeanne, 283

— N —

Nault, François, 255
Nauteau, Nicolas, 302
Neveu, Barbe, 212
Nicholson, Francis, 279, 290
Nieule, Marguerite, 139, 142
Niort dit Jolicœur, Jacques, 210
Niquet, Marie, 264
Niquet, Pierre, 261

— Q —

Quain, Anne de, 234
Quenet, Jean, 154
Quentin, Claude, 100
Quentin, Denis, 142
Quesnel, Frédéric-Auguste, 275
Quintal, Augustin, 273
Quintal, François, 271-274, 276
Quintal, Jean-Baptiste, 273
Quintal, Joseph, 273
Quintal, Louis, 273
Quintal, Michel, 273
Quintal, Nicolas, 271

— R —

Rabouin, Marie, 212
Racine, Étienne, 229
Racine, Louise, 308
Racine, Marguerite, 11
Racourse, Anne, 248
Radisson, Élisabeth, 77
Radisson, Pierre-Esprit, 77
Raimbault de Piedmont, Joseph, 59
Rainville, Marie de, 29
Rainville, Marie-Charlotte, 194
Rainville, Paul de, 29
Ramage, Esther, 114, 137
Ramezay, Claude de, 207
Rancin, Charles, 52, 134
Rancin, Dorothée, 134
Rasle, Sébastien, 19
Raté, Geneviève, 98
Raté, Jacques, 230
Raté, Louise, 230
Ratel, Pierre, 200
Raudot, Jacques, 188

Raymoneau dit Tourangeau, Charles, 16
Razilly, Isaac de, 279
Rebours, Marguerite, 82
Régnier dit Brion, Jean, 243
Reiche, François, 261
Reguindeau, Jacques, 273
Reguindeau, Marguerite, 273
Rémond, Anne, 167
Remondière, Andrée, 248
Renard, Pierre, 169
Renaud, Jacques, 108
Renaud, Jeanne, 74, 108, 117
Renaud, Madeleine, 99
Renonciat, Christian, 174
Renou, Jacques, 261
Renou, Marie-Madeleine, 261
Resneau, Marguerite, 95
Rhéaume, Marie-Élisabeth, 154
Richard, Alexandre, 278
Richard, Anne, 278
Richard dite Saint-Martin, Anne-Françoise, 175, 176
Richard, Catherine, 278
Richard, François, 279
Richard, Louis, 279
Richard, Marie, 169
Richard, Marie-Angélique, 195
Richard, Marie-Madeleine, 195, 278, 279
Richard, Martin, 278
Richard dit Sansoucy, Michel, 277-279
Richard, Pierre, 278
Richard dit Beaupreé, René, 278
Richaume, Marie-Madeleine, 54
Richaume, Pierre, 54
Richelieu, le cardinal de, 310